成为明星讲师❸

脑科学与活动开发全案

楼 剑◎著

TRAINING THE
TRAINER TO TRAIN

人民邮电出版社

北 京

图书在版编目（ＣＩＰ）数据

成为明星讲师. 3，脑科学与活动开发全案 ／ 楼剑著
. -- 北京 ：人民邮电出版社，2020.4（2022.2重印）
ISBN 978-7-115-52552-9

Ⅰ．①成… Ⅱ．①楼… Ⅲ．①企业管理－职工培训
Ⅳ．①F272.92

中国版本图书馆CIP数据核字(2019)第238980号

内 容 提 要

　　优秀的内训师将伴随企业发展，日益成为推动企业从优秀到卓越的中坚力量。本书
能够让内训师对人类的大脑工作原理、学习原理、如何记忆编码等有一个较直观的认识，
同时帮助内训师掌握一些教学活动设计和开展的方法，享"成人培训奥秘、专业授课技
巧、讲义制作的秘诀"，从而使内训师掌握沟通表达、互动、现场掌控、气氛渲染、效
果提升的核心技巧，获得成长。本书适合企业内部培训师、部门主管及渴望提升自我演
讲能力、立志成为培训师的人士阅读与学习。

　◆ 著　　　　楼　剑

　　责任编辑　赵　娟

　　责任印制　彭志环

　◆ 人民邮电出版社出版发行　　北京市丰台区成寿寺路 11 号

　　邮编　100164　　电子邮件　315@ptpress.com.cn

　　网址　https://www.ptpress.com.cn

　　涿州市京南印刷厂印刷

　◆ 开本：700×1000　1/16

　　印张：12.5　　　　　　　　　　　2020 年 4 月第 1 版

　　字数：153 千字　　　　　　　　2022 年 2 月河北第 2 次印刷

定价：49.90 元

读者服务热线：(010)81055493　印装质量热线：(010)81055316
反盗版热线：(010)81055315
广告经营许可证：京东市监广登字 20170147 号

自　序

　　时不时地，会有读过"成为明星讲师"系列丛书的读者通过扫描书上的二维码加我微信。大家告诉我，看完书后很有启发，对如何成为一位好讲师，把课讲授得更生动，以学员为主开展教学有了更深的认识。每当看到读者的支持和肯定，我都很感动，也有了满满的动力。无论再忙，我都要把这个系列创作下去，让更多的企业内训师受益。其实，很多企业的内训师不缺传道、授业、解惑的动力，缺的是方法。2018 年，我决定创作我的第三本图书——《成为明星讲师 3：脑科学与活动开发全案》。

　　大脑是一个很神奇的器官，虽然重量只有 2 斤多，所占身体的比重几乎可以忽略不计，但其消耗的能量却达到惊人的 20%，所以这也就解释了为什么我们在学习或在集中注意力思考某些疑难问题的时候，虽然你的身体没有运动，却总是感觉饿得特别快，原因就在于你所思考和解决的问题太"烧脑"了，让大脑满负荷运作，消耗了大量的能量。

　　如果讲师能多了解一些人类大脑工作和学习的原理，那么对于他授课效果的提升肯定是益处多多的。讲师的授课过程，其实是一个与学员大脑相互"博弈"的过程。如果你讲授的内容枯燥乏味，缺少对感官的刺激，就无法激活和影响大脑，大脑就会选择过滤你所发出的信息，同时选择接收自己感兴趣的信息：如今天上完课，晚上去哪里吃饭，或开始玩手机，或在本子上涂鸦……

　　本书从大脑学习的全流程来重新看待授课学习这件事情。大脑是如何学习的？要靠外部刺激、选择性接收、短期记忆、长期记忆 4 个部分全力配合完成。成年人身处教室，感受到的外部刺激特别多，灯光、讲师说话的声音、同学衣服的颜色、教室的温度等。大脑会通过五官选择性接收它当下感兴趣的信息，这就是选择性接收。如果我们的课程内容能在确保有效的情况下，更多地刺激学员的五官，就越有可能被学员的大脑接收。因为只有信息被接收了，学员才能顺利进入下一个学习阶段，而没有被接收的信息就被过滤掉了，这就是人们常说的"左耳进，右耳出"。信息进入大脑之后，存放在海马体，只是短期记忆，时间为 5 ～ 15 秒，所以人的"忘性"是很大的。讲师的授课内容可能是关键的方法、步骤、观点，是需要让学员记住的，记住以后才能有效运用。所以讲师还需要通过一些方式和手段帮助学员把所学的内容从短期记忆编码成长期记忆，存储在大脑皮层，便于以后检索使用。

　　因此，基于大脑的学习流程，本书分享了 40 个授课中可以使用的活动，分别是 10 个破冰活动、10 个开场活动、10 个教学活动、10 个收尾活动。每个活动对活动原理、活动概述、活动目的、活动指引等都有较为清晰准确的描述。同时，阅读注意事项可以帮助讲师解答学员的异议，规避一些误区，少走一些弯路。活动变体则可以让我们举一反三，将同一个活动玩出不同的效果。这些活动符合成人大脑学习的原理，对学员进行多感官的刺激，帮助学员接收信息；同时让学员做好自我评估，让学员结合自身事例和感受做分享等，通过与学员关联内容的分享和讲解，让学员不断重复所学内容，帮助其将所学内容由短期记忆变成长期记忆。

记得有位同行曾经说过这么一段话："平庸的讲师说教；合格的讲师解释；优秀的讲师示范；伟大的讲师激发。"希望大家能用好这本工具书，运用形式多样的教学活动，刺激学员大脑，激发学员的学习积极性，获得应有的学习效果！

目　录

引 言
故事背景及人物

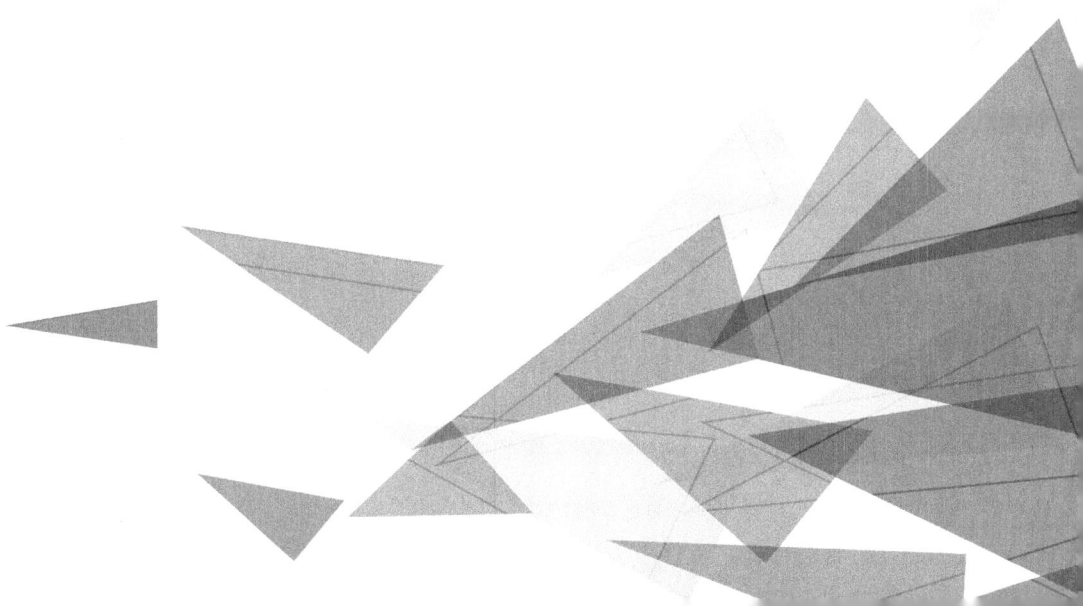

王振（男，36 岁）：得峰集团企业大学执行校长，擅长人才培养项目的开发与运营、课程体系开发、内训师队伍建设、组织经验提炼与案例开发等。

许静（女，30 岁）：得峰集团企业大学教学部经理，擅长内训师队伍搭建、内训师授课技能提升、课程设计与开发等。

魏丹青（女，25 岁）：得峰集团企业大学教学部专员，已加入得峰集团半年左右，有两年幼教工作经验。

林涛（男，43 岁）：得峰集团总部人力资源总监、企业大学常务副校长，几年前一手创办和搭建了得峰集团的企业大学架构，深谙企业关键人才梯队的搭建和培养。

第一章

导　论

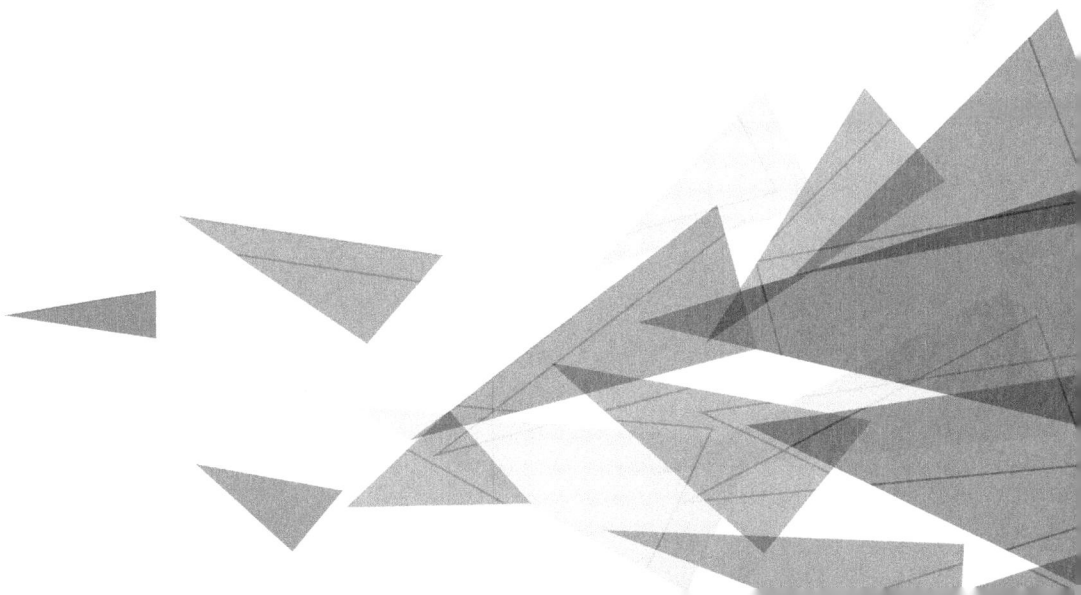

市区某星级酒店

"王经理，丹青！感谢你们来参加我和杨天的婚礼啊！"穿着一袭雪白婚纱的许静手拿高脚杯和她的先生杨天一起笑容满面地朝王振这一桌走过来。

"哎呀，许姐，你可太美了啊！我结婚的时候，如果也能有这么一套漂亮的婚纱就好了啊！"魏丹青忍不住感慨道。

"没问题啊，丹青，等你结婚的时候，姐陪你去挑选婚纱，保证挑选一套最适合你的。"许静开心地说。

"那我就先谢谢姐姐了！"丹青赶忙说道。

"林总因为今天家里有急事，所以没法赶过来参加你们的婚礼。他一再嘱咐，让我们把祝福带到。"王振满怀歉意地说道。

"林总太客气了，我和杨天改天一定要单独再请一次林总。"许静笑着说。

"嗯，这样挺好的！恭喜我们的许大美人，祝你们新婚快乐，百年好合，早生贵子！"王振说话的时候已经举起了酒杯。

"谢谢王经理！"这对新人同时把酒杯里的酒一饮而尽。

"许静一直和我提到你，说你一直不遗余力地帮她提升授课技能。"杨天笑着说，可能由于今天酒喝多了，他白白净净的脸红了一大片。

"这都是我应该做的，况且许静很聪明，自己也很努力，现在已经成为我们企业大学的栋梁了。"王振亲切地拍了拍杨天的肩膀。

"千言万语都在这杯酒里了，王经理，我敬你一杯，我喝完，你随意！"刚说完，杨天一仰脖把酒喝完了。

"哎哟，你慢点儿，慢点儿！"王振想阻止杨天，但已经来不及了。看杨天把杯子清空了，王振也只好一口喝掉了自己杯中的酒。

"王经理好酒量啊！"杨天竖了个大拇指，"那王经理，丹青，你们慢慢吃，慢慢喝，我和许静去其他桌招呼一下客人。"

"真是郎才女貌，好般配啊！"丹青看着两位新人的背影，感叹道。

"别感慨了，啥时候喝你的喜酒啊，小魏？"王振打趣道。

"我不急，我一个人还没玩够呢！再说了，我在结婚这件事上的进度也不能超过王经理你啊！"魏丹青笑着说道。

"我没结婚，我骄傲！"说话的同时，王振还夸张地比了个代表胜利的 V 字形手势，把魏丹青逗得前仰后合。

游戏活动很欢乐

"各位好朋友，大家都吃饱喝足了吗？酒过三巡我们来做几个小活动助助兴，也活跃一下现场的气氛。"在劲爆的音乐中，婚礼司仪闪亮登场。

"这次的小游戏我们只针对小朋友，请上来 10 位小朋友，以跑到舞台上的顺序来定。123！开始！"司仪的话音刚落，就有 20 多个小朋友冲上了舞台。

"我们这次的游戏叫找东西，待会儿我会说一件物品的名称，小朋友要在最短的时间内找到这件物品，并把物品给我，速度慢的就被淘汰，直到最后只剩下 3 位小朋友，我们就给这 3 位小朋友发奖品！"主持人说着，从舞台的一角拿出了 3 个 1 米多高的毛绒玩具。

"第一个物品，小朋友们听好了，皮带！"小朋友们听到指令后，争先恐后地冲到了舞台下面。有的小朋友很快就拿到了皮带并交给了主持人；有的小朋友可能太小了，还分不清皮带和皮鞋，拿了一只大人的皮鞋慢慢悠悠地就走到舞台上去了。大家笑得嘴都合不拢了。

"好，刚刚这一轮我们淘汰了一半的小朋友。下一个物品是打火机。"主持人话音刚落，现场又是一片混乱。有的小朋友为了拿打火机，直接把爸爸的外套拿上了舞台；有的小朋友实在找不到打火机，拿了一盒火柴就上去了；还有一个小朋友拿了一个烟灰缸。现场又是一片欢声笑语。

"好，只剩下了 8 位小朋友，这次是终极 PK，看谁能获得第一名。这次大家要找的物品是——一根白头发！"主持人话音刚一落，坐在前面的几位老大爷就惨了。就见冲过来几个小朋友，不由分说，开始死命地扯老大爷的白头发，这阵式可吓坏了老大爷边上的晚辈和亲戚们。现场的气氛也达到了最高点！

"你在想什么呢？"王振看到魏丹青出神地看着大家玩游戏，问道。

"我在想，我们成年人培训如果也这么欢乐就好了啊！大家不都想在欢乐中学习知识吗？"小魏眨巴着眼说道。

"此话怎讲？"王振问道。

"前段时间，我协助许静梳理集团内训师的时候，看到了大家对集团内训师授课的反馈报告。我发现除了几位集团的明星级讲师之外，大部分讲师的授课技巧还是很一般的，课上的氛围也不太好，因此我看到今晚的活动气氛这么热烈，就有很多感触。"小魏说道。

"原来是这样。你说的事情，许静也和我提起过。提升教学品质，确实是这一年我们应该重点抓的问题。"王振附和道。

　　舞台上，一个游戏接着一个游戏，无论是大人还是小孩，都玩得非常开心，王振看着他们，心里也在思考：看来，是时候启动新一轮的学习计划了！

分享蜜月的铜锣烧

　　"来来来，大家尝一尝我从日本名古屋带回来的铜锣烧，这可是机器猫的最爱啊。"许静招呼着同事过来吃点心，这是她和杨天去日本度蜜月带回来的点心。

　　"嗯，味道确实不错，很浓郁，如果我是机器猫，我也会爱不释手的。"魏丹青打趣道。

　　"对对对，好吃，好吃！"其他同事也附和道。

　　"老大，你也吃一个。"看到王振一直在电脑前坐着敲字，没起来，许静就专门拿了一个铜锣烧放在王振的桌子上。

　　"谢谢大美女啊，这结了婚就是不一样啊，变得懂事乖巧了。"王振和许静没事就喜欢互相打趣。

　　"如果我喝了老大的喜酒，那我会更懂事乖巧的。"许静故意哪壶不开提哪壶。

　　"唉，我这每天工作，没啥交际，要脱单也难啊！"王振故作哀愁状。

　　"老大，别担心，我们会帮你物色的，一定不会让你孤独终老。"许静笑道。

　　"好吧，我要求不高，是个女的就行。"王振顺着许静的梯子往上爬。

　　"你们俩这样互相伤害有意思吗？"小魏看不下去了，过来说道。

　　"小魏，你过来正好，这样，待会儿你们吃完点心，我们3个人到会议室碰个头，制订一下新的学习计划，这次我想让你也参与。"王振看着魏丹青说道。

"恭喜小魏啊，能跟着老大学，你一定会受益匪浅的，你看我就是老大教出来的，厉害吧？"许静自豪地指指自己说。

"厉害厉害，许姐你是我的偶像，我就希望像你这样成为集团的优秀讲师呢！"魏丹青崇拜地说道。

✏️ 新的学习计划

吃罢点心，3 个人走进了会议室。

"上次许静向我反馈了最近集团内训师授课的一些情况，我也看了一些学员填写的课程满意度评分表，大家普遍认为讲师备课还是挺认真的，给的'干货'也很多，诚意满满，就是课程有些枯燥，不能很好地调动大家的积极性，上久了大家都很疲劳。"王振看了一眼许静和魏丹青，继续说道，"上次开会的时候，我也向林总汇报了这件事情，林总认为集团的内训师队伍已经基本成形，而且这几年运作下来，也已基本套路化、体系化。鉴于目前出现的这些问题，他建议我可以有针对性地采取一些措施。"

"大家都很聪明，也都很好学，主要还是缺少方法。"许静认真地说道。

"是的，我有同感。所以经过和林总的讨论，我们这次采取的措施还是以教学实践为主，强调学以致用，可能会持续半年到一年的时间。"王振在白板上写下了"学以致用"四个大字，"之所以叫你们一起学，一方面是想传授一些新的知识给你们，因为你们是内训师的管理者，同时自己也是内训师；另一方面也希望通过你们的试点，看看这种方法是否可行。"

"具体怎么操作啊？"小魏显然已经迫不及待了。

"这次活动以内训师在授课过程中的教学活动开展为基础。公司将会给内训师提供 40 种基于大脑学习原理的教学活动，涉及破冰、开场、教学、收尾 4 个环节，每个环节各 10 个活动。每次授课，内训师至少要选择一种加入课程，并在课后书写《教学活动使用心得表》，反思教学的得与失。"王振看两位的笔记记得差不多了，继续说道，"对你们来说，这次的学习是和本次的活动开展结合起来的。本次学习共分为 3 个阶段。第一阶段是给二位讲一讲大脑的工作和学习原理，以及如何更好地刺激人的大脑，以达到提高学习效率的目标。第二阶段是给你们提供 40 种教学活动的方法，你们拿到这些教学活动的相关资料后先熟悉，在实际授课中选取一些使用，然后填写《教学活动使用心得表》。第三阶段是请你们针对这些教学活动和《教学活动使用心得表》做反馈和分享，根据你们的分享和反馈，我们看看这个活动是否适合在全集团铺开，是否有需要补充和完善的地方。这次学习活动非常短暂，但是后续你们要做的跟踪和反馈工作却非常繁杂，你们要做好心理准备。"

"好的！"两位美女齐声说道。

《教学活动使用心得表》见表 1-1。

表 1-1　《教学活动使用心得表》

姓名：		部门：
课程主题：		
选用的活动：		
使用心得：		
改进建议：		
其他事项：		

第二章

大脑的学习原理

"两位下午好，接下来我们就开始第一堂课，先讲一讲大脑的学习原理，以及可以做些什么来提高学习效率。"王振看许静和小魏已经在会议室坐好，就开始了他的讲授。

"辛苦老大了，我们会好好学习的。"许静夸张地鞠了个躬。她的这个动作把小魏给逗乐了。

"你这个师父就是这么做的吗？别把小魏给带歪了。"王振打趣道。

"我这么优秀，才不会呢。"许静嘟着嘴说。

"好吧，不和你们贫嘴了。先看个视频吧！"王振操作身前的电脑播放了一段大脑学习的视频。

视频的大意是这样的：每个人学习新事物的时候，都要重新调整脑部的运作模式。人类的脑部有将近1000亿个连接在一起的神经元，学习的过程是电脉冲在神经元中传导的过程。在神经元的连接处都有一个小缝隙，叫突触。如果想要学习新东西，电脉冲信号必须通过突触这个小缝隙往下走，虽然缝隙很微小，但并不表示电脉冲信号一定能直接传导过去，这个过程就像我们越过两座高山之间的深谷。人们要想跨过山谷，就需要有人从山的这头扔一根绳子过去，人才能拽着绳子慢慢爬过去，这个过程是很艰辛的，就像第一个电脉冲信号从一个神经元细胞到另外一个神经元细胞也是很费力的。第一次跨过深谷之后，后面就越来越容易了。随着人们在两座山之间爬来爬去，最后在两座山之间搭建了一座绳桥，这时人们利用绳桥就可以轻松随意地穿越两座山谷了。

我们的学习过程也是一样的，电脉冲信号在神经元间不断往复，一而再再而三地通过神经元的缝隙，这样我们对一件事情的操作就会越来越熟练，最后变得易如反掌，随心所欲，操作自如。

"视频看完了，请问有什么感受吗？"王振问道。

"我现在明白了，为什么第一次做事情那么难，原来是要跨过突触这个小缝隙。就像刚来的时候许姐教我做PPT，我一开始觉得好难，总会忘记步骤或按键，但是我做多了之后，现在就很熟练了。"魏丹青说道。

"是的，学习过程就是从不会到会，再到熟练的过程。"王振补充道。

"就拿我上个月的婚礼来说吧。我和老公去给第一桌亲朋好友敬酒的时候，我还挺不适应的，拿捏不好尺度，不知道该喝多少、该怎么劝酒、怎么去挡酒，但是走了3桌之后，我的电脉冲已经越过了突触，我就发现了里面的门道，越往后我就越得心应手，这也是我那天没喝醉的原因吧！这也间接证明了我的学习能力还是挺强的。"许静有些沾沾自喜地说道。

"虽然我有点儿听不下去了，但是你能结合刚发生的事情做分享，说明你是个有心人，处处为自己收集和积累素材，这种敏感度是当好一个讲师非常重要的特质。"王振一边说着，一边给许静竖了个大拇指。

"师父好，徒儿也就更好了！"魏丹青补充道。

"你们师徒俩就联合起来涮我吧。"王振摆摆手，表示很无奈。

"通过刚才的视频，我们了解到人脑的学习确实不容易，特别是第一次。接下来给大家看一张图，了解一下如何提升学习效率。"说着，王振在投影仪上放出一张图片，如图2-1所示。

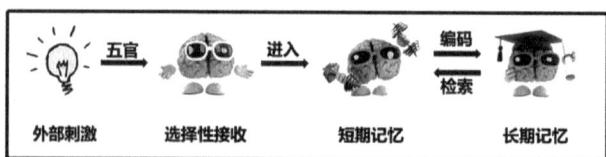

图 2-1 成人大脑的学习过程

"嘿，这张大脑的漫画好可爱啊！"魏丹青惊呼。

"通过这张图片，我们可以了解大脑的学习过程。先给大家简单讲一讲，后续再详细展开。"王振捋了一把袖子，摆出讲课的姿势，"我们在环境中，无时无刻不受到外部的刺激。你们来说一说，现在有什么外部刺激！"王振问道。

"你的说话声、外面汽车的喇叭声、空调的嗡嗡声，还有光线照明的刺激，等等。"许静一口气说了好几个。

"我同上！"小魏的回答倒是言简意赅。

"这么多外界刺激不会被大脑照单全收，因为大脑承受不了这么多的信息。大脑只会接收它想要接收的信息，也就是选择性接收。举个例子，平时你在路上走，不太会在意过往车辆的颜色，但如果你买了红色的车，你就会发现满大街都是红色的车。这就是选择性注意，你会有选择性地过滤和接收信息。一个孕妇怀孕之后，会发现满大街都是孕妇，这是同一个道理。信息通过五官进入一个人的大脑，只有引起了这个人的兴趣，让他觉得这个信息很重要、有必要接收，信息才有可能进入到他的大脑。否则这个信息只会左耳进右耳出，谈何培训效果呢？"王振敲了敲白板说道。

"难怪我以前做幼教的时候，给小朋友讲道理，他们就眨巴着眼睛看着我，看着像听进去了，但随后他们又会犯同样的错误，原来是他们根本就没接收到信息。"小魏若有所思地说道。

"是的，还有一个原因是在小朋友的世界里，他也听不懂道理。"王振补充道，"信息进入大脑后，首先会成为短期记忆，短期记忆存储在大脑的海马体中，存储的时间非常短暂，只有 5 ～ 15 秒。这就解释了为什么我们在看书时，看了后面却忘了前面，或在社交时，为什么有人刚介绍完自己，我们转个身，马上就记不清别人的姓名了，特别是在嘉宾很多的时候。"

"我也有同感，有时候要输入手机收到的验证码，就 6 位数，我从短信里看了，去 App 输入的时候，却又忘记了，我还以为是因为自己年纪大了，你这么一说，我又重新找回了希望。"许静觍着脸说道。

"你的年纪是不小了啊！"王振笑着接了一句。

"没法好好聊天了！"许静故作生气状。

"那怎么解决信息只是短期记忆，人健忘的问题呢？"小魏适时的提问化解了尴尬。

"这个问题问得好。其实方法有很多，例如不断地重复。只有将短期记忆进行编码，它才能变成长期记忆，长期记忆是存储在大脑皮层的。信息一旦变成长期记忆，就会永远存放在大脑里，需要使用它的时候就需要检索，这条信息使用得越频繁，检索的速度就越快，能马上用起来；使用的频率低了，就会出现检索速度变慢、宕机等情况。"王振边说边抬了抬眼镜框。

"有时候我在路上碰到一个人，看着脸很熟，人家老远就喊了我的名字，我却一直回忆不起这个人的名字，请问这是什么原因？"许静问道。

"可能有两个原因。一个是你当时编码成功，也就说当时你是记得这位朋友的名字的，并且也把名字放入了长期记忆里，但是因为很长时间没用了，这位朋友的名字就像某件闲置物品，被塞在家里的某个角落，虽然肯定能被找到，但检索的时间会很长。另一个原因是编码不成功，也就是说当时和这位朋友在一起时，你对他的名字很模糊，没有记清楚，没有将它从短期记忆变为长期记忆，这时你再怎么检索，都回忆不起来。"王振笑着说道。

"看来我应该属于第一种情况——时间长了，放在角落里，不好找了。"许静很笃定。

"讲完了大脑学习的流程，我们就要针对各个节点学习一些方法，帮助自己提升长期记忆的效果，想办法提升培训效果。"王振适时做了一个小总结。

✏️ 外部刺激

"经过刚刚的讲解，你们了解了成人学习的过程。大脑其实是一个非常热爱学习的精密器官。一般来说，大脑神经元接收到的信号有两类：兴奋型的信号和抑制型的信号。只有当兴奋型的信号发生时，才有电脉冲穿过突触，人们才可以学习和改变；而当抑制型信号发生时，神经元之间的联结会减弱，人们的学习效率就会下降或像根本没学一样。"王振耐心地讲解着。

"那请问老大，什么情况下会发生兴奋型的信号，什么情况下会发生抑制型的信号呢？"魏丹青一边做笔记，一边问道。

"这是一个好问题。"王振走到小魏前面说，"大脑是一个喜欢新奇、刺激、新鲜的器官，如果外界对它的吸引力不够大，它就会处于'待机'的状态，体现在人的表情上就是两眼无神地望着前方，嘴巴微微张开，在这种状态下，人就会开始做白日梦。例如，一直机械性地做一件事情，读和听自己不感兴趣的东西，长时间保持同一个姿势，以及外部的环境变化不大等，都会造成抑制信号的发生。与之相反，那些新鲜、新奇、刺激的事物才能促进大脑的学习。"

魏丹青朝王振点了点头，表示听懂了。

"前面我们提到人们通过五官来接收信息。所以在学习中对五官的刺激越多、越丰富，学习效果就会越好。如果我要你们了解柠檬这个水果，你觉得我会怎么教？"王振问道。

"拿一个真的柠檬放在我的面前，让我看一看、摸一摸、尝一尝，我就会对柠檬的酸有透彻的了解了。"许静快速地回答。

"嗯，反应很快哦！不错！小魏有什么看法吗？"王振表扬完许静后，又转头问魏丹青。

"我觉得如果没有实物的话，给我看一张图片也是可以的吧。"小魏不太肯定地回答。

"是的，其实你们两个人的答案都是对的，只是效果不同。"王振补充道。

"柠檬的图片会比讲师单纯说要好很多，至少学员看到了柠檬长啥样。给学员一个实物柠檬，给一把刀，让学员自己观察、自己切、自己闻、自己尝，几乎把五官都用到了，所以学员对柠檬的了解肯定是无法忘记的。"

"难怪很多内训师的授课效果不太好，听老大这么一说，原来是因为他们没有把学员的五官调动起来，应该让学员都参与进来。"许静恍然大悟。

"关于外部刺激，还有两点需要强调一下。第一点是一个定律，叫耶克斯·多德森定律。另外一点是重视人的多元智能。我们先看第一点。"

王振把休眠的投影仪重新点亮，上面出现了一个模型，如图 2-2 所示。

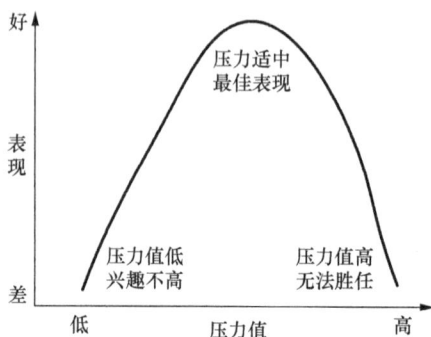

图 2-2　耶克斯·多德森定律

"这个模型是由心理学家罗伯特·耶克斯和约翰·多德森在 1908 年提出的。它告诉我们选取合适的内容或刺激物非常重要，只有当学员的压力适中时，他们的表现才是最好的。如果选取的内容太简单了，对学员的刺激度不够，学习的表现就会糟糕；如果选取的内容超过学员目前水平太多，学员的压力过大，学习效果也是不佳的。"

"目前很多内训师存在的问题好像是选取的内容太难了，学员的压力过大了。"许静自信满满地说道。

"对的，我看到很多内训师的课件都是 100 多页的，甚至还有 200 多页的。上面都是字，看着都心累啊。"小魏补充道。

"看来你们的工作挑战很大嘛！"王振笑着说。

"我们就喜欢挑战，有挑战才会成长嘛！"许静是个乐天派。

"另外一点是哈佛大学著名的心理学教授霍华德·加德纳博士在 20 世纪 80 年代提出的多元智能理论。他指出人可能在某一特定领域拥有优势，用符合该领域的活动和形式进行学习，可能对这类人是最合适的，也就是说要尊重学习个体的实际情况。加德纳提出的多元智能总共分为8类，它对我们思考人类是如何学习的，以及在学习方式上可以做哪些调整和改变来满足不同人群的需求，都有很大的借鉴意义。这里有一些详细的资料，你们可以看一下。"王振从桌上拿起几份资料递给了许静和小魏，8类多元智能见表 2-1。

表 2-1　8 类多元智能

智能类别	智能解读	代表职业	智能拓展
语言智能	有效地运用口头语言及文字的能力	作家、演说家、记者、编辑、节目主持人、播音员、律师等	写文章、投稿、写总结等
逻辑数学智能	有效地运用数字、计算、推理、假设和思考的能力	科学家、数学家、会计师、工程师、软件编程师等	数独游戏、数字或关键信息的排序等
空间智能	善于利用三维空间方式进行思维和表现的能力	飞行员、航海家、雕塑家、画家、建筑师等	创作思维导图、海报、卡通画、剪贴画等
运动智能	调节身体运动及运用巧妙的双手改变物体的技能	运动员、舞蹈家、外科医生、手工艺人等	角色扮演、游戏互动、做手工/拼图等
音乐智能	敏感地感知音调、旋律、节奏和音色的能力	作曲家、指挥家、歌唱家、乐师、乐器制作者、音乐评论家等	将学习要点编成歌谣、诗歌、口诀等
人际智能	觉察他人情绪意向，有效地理解他人和善于与他人交际的能力	领导者、政治家、外交家、心理咨询师、公关人员、销售人员等	导师、教练、学习伙伴、讨论小组、学习圈的建立等
自我认知智能	认识自我和善于自我反省的能力	哲学家、思想家、政治家、心理学家、教师等	复盘、写日记、360度测评、工作计划表等
自然认知智能	表现出对自然现象、科学、动物世界等特别的兴趣和爱好倾向	生物学家、地质学家、天文学家、生态学家、兽医、科学家等	旅行、户外运动、拓展训练、天文探索等

"怎么样？有没有找到自己的多元智能多分布在哪几类呢？"王振待两位看得差不多了，就提了个问题。

"反正我在空间智能上肯定弱，因为我每次出门都是要老公带路，我自己走的话往往会迷路。"许静有点儿不好意思地说。

"我倒是觉得许姐的语言智能、音乐智能还有人际智能都挺棒的！"听到小魏夸自己，许静的笑容很灿烂。

"还是小魏会说话，从这一点可以看出，你的人际智能也很好哦！"许静投桃报李。

"总的来说，还是我的人际智能最好，把你们两位人才招聘进来了。"王振也开起了玩笑。

"那是那是，我们老大最棒了！"三人已经乐得不行了。

"多元智能理论告诉我们，在学习中要尽可能尊重个体的实际需求，因为每个个体都是不一样的。对于某些重点的教学内容，不要采用单一的教学方式，尽量多元化一些，以匹配不同个体的学习需求。"王振用一段话结束了这一段内容的教学。

选择性接收

"当大量信息对大脑形成刺激之后，大脑就需要判断接收哪些信息，过滤哪些信息。虽然选择的时间非常短暂，但里面的学问却挺多。简单来说，我们可以把它归纳为人类接收信息的 3 个层次。"王振用 PPT 展示了一个金字塔模型，如图 2-3 所示。"人最终做出一个选择，接收某些信息，可以说产生了一个行为，行为为什么会发生呢？因为大脑思维层面下了这个指令，而大脑思维的指令又是从哪里来的呢？这来自于潜意识。"

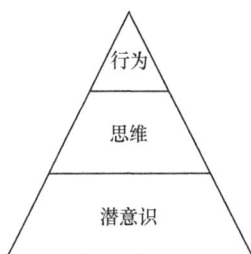

图 2-3　人类接收信息的 3 个层次

　　"似乎有点儿明白了，可否讲得再具体一点儿？从什么是潜意识开始吧。"小魏指着 PPT 上的模型问道。

　　"潜意识其实就是人们想当然的、下意识的观念或信念，是不需要经过大脑思考的。例如，你早上起来就会穿衣服、刷牙、洗脸等，在迷迷糊糊、睡眼惺忪中，就把这些事情做了，根本不需要经过大脑思考。"王振尽可能地讲得通俗易懂，"给你们讲个笑话吧！一位江湖侠士有一天穿过一个乱坟岗，走着走着，突然，后面跟上来一个高大的黑影，侠士的速度快，黑影的速度就快，侠士的速度慢，黑影的速度就慢。侠士心里就嘀咕：糟糕，看来今天是遇到高人了。于是侠士继续往前走。冷不丁的，侠士趁着夜色转过身快速抛出了一支飞镖，没想到飞镖不但没有击中黑影，反而被黑影接住了。侠士不禁感叹道：'这真是好功夫啊！'于是侠士又抛出第二支飞镖，同样的，也被黑影接住了。侠士觉得自己今天凶多吉少，因为这个黑影的功夫好像在自己之上。于是侠士加快了步伐，准备逃命。结果发现走了一段路，黑影并没有跟上来。侠士很疑惑，黑影去哪了？该不会藏起来了吧？于是侠士壮着胆子，又悄悄地摸回去探个究竟。远远的，就看到一个黑影躺在地上，侠士走过去，借着月光一看，原来是一只黑猩猩。它倒在血泊中，已经身亡了。请问黑猩猩到底是怎么死的？"王振的问题猛地把小魏和许静的思维从故事中抽离了出来。

"黑猩猩是怎么死的？"许静自言自语着，"莫非是飞镖上有毒，黑猩猩被毒死了？但是毒死了也不会倒在血泊中啊！小魏，你怎么看？"

"难道是黑猩猩踩到了猎人的陷阱机关？"小魏发挥了十足的想象力。

"给你们个提示！"王振做了一个用拳头捶胸的动作。

"哦！明白了，黑猩猩是自己把自己刺死了。"两人异口同声地说道。

"对的，黑猩猩连续接到两支飞镖，很是得意啊！于是潜意识告诉它应该嘚瑟一下，黑猩猩怎么嘚瑟？怎么显示自己的力量？不就是捶胸嘛！平时捶胸是可以的，但今天手上拿着两支飞镖呢，于是没捶几次，就把自己刺死了。"王振说着，也忍不住笑了起来，"请问这说明了什么呢？"

"说明老大现在也是一个'段子手'了。"许静又开起了玩笑。

"说明人比猩猩聪明。"小魏也表达了观点。

"你们俩很幽默，我很佩服。"王振站久了有点儿累，于是找了把椅子坐下，"这个故事说明潜意识的力量是很强大的，它会让我们分分钟做出一系列的行为，当然这些行为有的时候是有益的，有的时候却会害了我们——就像这只黑猩猩一样。"

"那我们的潜意识是怎么形成的呢？"许静托着腮帮子，抛出了一个问题。

"一般来说，潜意识的形成受 4 个因素的影响。一是遗传基因，这是人与人之间差异的根本原因。二是教育和训练，题海战术、每天高强度的训练，都是为了锻炼下意识的判断和反应能力。三是他人的影响，例如家长、讲师、朋友、书籍等的影响，古语'近朱者赤，近墨者黑。'说的也是这个意思。四是回报和动机，做了某事被表扬和奖励，就会持续去做，某些事做了被批评和惩罚，就会被摒弃。在这4个因素的影响下，我们的大脑的神经元会持续不断地搭建一个网络，从而把我们的潜意识模式固化下来。潜意识可以帮助我们在纷繁复杂的世界中快速做出决定和判断，但同时它也是一个牢笼，禁锢了我们的思维模式和行为模式，让我们少了很多探索更多发展的可能性。"王振说完，看着小魏和许静，确认她们是否听懂了自己的解释。

"中国人常说的'3岁看大，7岁看老'说的应该就是这个意思吧！"许静说道。

"是的，潜意识对人的影响是潜移默化、根深蒂固的。"王振对许静的观点表示赞同。

"我的一个闺蜜有很严重的洁癖，以前我很不理解，现在听老大这么一说，我想这应该和她的妈妈是护士有一些关系。"小魏也适时地补充了几句话。

"你的闺蜜可能受到遗传基因、家人的习惯、教育训练这几个方面的综合影响，才会变成现在这样。"许静望着魏丹青说道。

"信息接收的第二个层次是思维。"王振看许静和小魏都听懂了，于是接着往下说，"思维层面涉及两个脑：一个是慢而成熟，以结果为导向的思考脑；一个是快而原始，自发无意识的反射脑。思考脑让我们成为这个世界上最高等级的物种，运用思考脑我们能够回忆过去，对过去的所作所为进行反思和复盘；也能聚焦现在，思考、分析、判断，创造性地解决问题；还能展望未来，制定长期目标，幻想虚构故事，塑造美好愿景，等等。编写课件、做汇报材料、策划学习项目等都属于思考脑的工作，所以思考脑工作的时候，需要你保持注意力的高度集中，同时因为大脑高速运转，你会消耗大量能量，因此专注工作的时候，也是很容易饿的。"王振一边说，一边摸了摸自己的肚子。

"难怪今天饿得快呢，原来是这么回事，说明我学习很认真。"小魏歪着脑袋说道。

"是的，等把这些内容讲完了，我们就去美餐一顿。"王振要给两位学生一些听课的动力，"接下来讲一讲反射脑。反射脑很简单，就是潜意识作用的结果，反射脑会导致我们无意识地处理问题。有刺激就会驱动反射脑，它喜欢走捷径，不会像思考脑那样循序渐进。这样既有好处也有坏处。好处是可以节省时间，例如碰到危险（如碰到一只老虎），人会下意识地跑，这就是反射脑在起作用。如果还要思考一下这是什么危险，怎么个跑法，搞不好已经丧命了。缺点也有，有的时候反射脑的思考结果容易让人产生偏见。"

"偏见？这个词好像很熟悉，经常听到，却又不太好表达这个意思。"许静在本子上写下"偏见"这两个字。

"因为反射脑的速度太快了，影响到人的选择和决断，所以偏见就出现了。例如内省偏见，即我们总是会高估自己，低估别人，认为自己是最优秀的；美丽偏见，即高估美女的能力；还有从众偏见，即集体性盲从，其他人的决断影响力超过你自己的影响力，等等。"王振说着，拿起一支黑色的白板笔，在白板上写下了两道算术题，"西方曾做过一个实验，他们找了两组测试者，只给他们几秒的思考时间，让一组来猜测 $1×2×3×4×5×6×7×8×9$ 的结果，另一组来猜测 $9×8×7×6×5×4×3×2×1$ 的结果。你们认为最终的结果是什么呢？"

"两组给的结果应该是一样的吧？本身这两组数字就是一样的啊，只是换了个顺序而已。"小魏抢先说道。

"我同意小魏的说法，但老大你这么问我们，我又隐隐觉得应该没那么简单。"许静说道。

"两个结果的差距挺大的，第一组给的平均答案只有 600，第二组给的平均答案却是 4300。而正确答案是 362880。这下你们知道反射脑造成的误差和偏见有多大了吧！"王振在白板上写下了这几个数字。

"听老大这么一说，确实挺吓人的。我觉得问题可能出现在时间上，如果多给点儿时间思考，大家的误差就不会那么大了。"许静肯定地说道。

"你说得没错，反射脑的快速决断会加大测试者犯错的概率，所以有时人不能太相信直觉。"王振说道。

"其实这种现象在日常生活中挺多的。例如我们经常会在微信中看到某些信息，如果我们不加分析和判断，直接就转发，可能就会让某些虚假信息坑害老百姓或愚弄了大家。所以底层的潜意识和思维真的很重要，这两层会决定你的行为质量。"小魏感叹道。

"小魏能说出这番话，说明我真的没白教！"王振给了魏丹青一个大大的赞，"看来我们今天可以早点儿下课了。"

短期记忆到长期记忆

"信息进入大脑之后，首先存放在海马体，时间很短，只有 5 ~ 15 秒，这时的信息是短期记忆。我们如果想让学员记住授课中的关键知识点、关键技能和步骤，就需要对信息进行编码，使它变成长期记忆，存储于大脑皮层，只有这样才能在需要使用时对它进行调用。"王振边说边把成人大脑的学习过程那张图片重新调了出来。

"我记得我以前读书的时候就是抄抄抄、写写写、背背背，反正就是不断重复，老师就是靠这个方法让我们记住很多古文、英文单词的。"许静说道。

"是的，我也是这么过来的，看来教育方式都是一样的。"魏丹青附和道。

"你们说的方法叫死记硬背。神经元之间的突触通过不断地巩固变得更持久、更强壮，就像道路一样，神经元之间的连接得到拓展，路变宽了，信息流的速度也就加快了，也能更好地帮助短期记忆变为长期记忆。所以说重复和练习是非常重要的。但重复和练习不是我们所说的死记硬背，靠死记硬背虽然也能记住内容，但是不够划算，花费的资源比较多，同时因为缺乏在多种情境下的使用经历，所以将这些死记硬背的信息转换到各种不同的情况中就更困难了。"王振补充道。

"那该怎么办呢？"许静睁大眼睛问道。

"可以试试刻意练习。"王振说着在白板上写下了"刻意练习"4个大字，"刻意练习有几个显著的特点：一是有明确的目标，并会为目标的完成制订一些计划；二是刻意练习是有意为之的，紧随特定目标，适当调整，控制结果；三是刻意练习一般发生在人们的舒适区之外，所以改变的过程是不舒服的；四是刻意练习包含反馈，根据教练或自我的反馈进行改正和进步；五是刻意练习所发展的技能，一般有一套行之有效的训练方法。"

"好像专业运动员都是这么训练的。"魏丹青说道。

"是的，刻意练习是高质量学习和提升技能的方法，而且在全世界都是通用的。"王振对小魏说的话给予肯定。

"除了刻意练习之外，还有其他的方法可以促进长期记忆的形成，那就是对信息进行加工和优化。例如把信息编成朗朗上口、方便记忆的口诀，或用图片、绘画的形式来呈现内容。"王振继续说道。

"好像平时看到的口诀挺多的，很多广告牌上的广告都是口诀式的。"许静说道。

"能举例吗？"王振问道。

"这就多了啊，工地两旁的围栏上都是口诀啊，如'中华圆梦，万马奔腾'。我们去餐厅吃饭，桌牌上也有口诀'不剩菜、不劝酒、不吸烟'。还有我老公前两天告诉我，说有人为金庸先生写的这么多部武侠小说编了个口诀'飞雪连天射白鹿，笑书神侠倚碧鸳'。"许静一口气举了好多例子。

"我前两天看到我侄子在背三字经，三字经就是口诀式的，所以小朋友背起来就很快呢。"小魏也加入了讨论。

"对的，你们举的例子都非常好。"王振说道，"口诀因为符合大脑的记忆习惯，所以不需要花太多的时间，特别容易被记住。"

"对信息进行加工和优化，除了编口诀之外，还可以把文字信息用图片呈现。有一个实验是两组学生学习生物学知识后进行考试。第一组是用文字的方式学习，第二组是用图片和绘画的方式学习。测试结果是第一组的正确率是41%，第二组的正确率是61%。可见图片和绘画可以让学员在更大的程度上参与到学习和认知的过程中，对信息做出有效的组织和建构，有助于长期记忆的形成。"王振继续说道。

"老大上一次和我分享过的思维导图应该就属于这个范畴吧？"许静问道。

"是的，思维导图属于绘图和图片，通过画脑图对知识和内容做重新建构，有助于形成自己的知识体系。后面的活动中会涉及这部分的内容。"

王振解释道。

"要想使短期记忆变为长期记忆，还有一个要点就是讲师所讲的知识要符合学员现有的认知习惯。也就是说，你所讲的内容和学员的工作和生活越相关，就越能帮助他实现记忆。"王振从会议室前面走过来，继续说道，"举个例子，有一次我看了一部电影，有一位舞蹈讲师教一群五大三粗的男人跳舞，讲师想让这些学员一字排开做一个动作，但无论怎么说，学员就是一直出错。这可把讲师急坏了，为什么学员总出错啊？因为在过往的生活中，学员压根就没接触过舞蹈，对这方面的认知是零，所以讲师讲的舞蹈的专业术语他们根本没办法领会。就在这时，其中有一位学员站出来给大家讲解了足球的越位知识，然后说讲师让我们做的动作其实与越位和反越位是一样的。学员们一下就都明白了，接下来的练习学员全部都做对了。这说明什么？因为学员对足球有认知和连接，所以能够马上领会其中的意思。"

"老大你尽量用生活中的例子，或用我们能听懂的例子来讲解这次课程，应该也是这个原因吧？"小魏说道。

"孺子可教也。"王振半开玩笑地说道。

"差不多了，关于大脑的学习原理我们就先讲到这吧。你们回去消化一下，下次给你们一些活动，你们拿回去自己研究！"王振看起来有点儿疲惫。

"老大辛苦了，我们请你去喝咖啡！"两位美女拉着王振就往门口走去。

第三章
10 种课程破冰活动

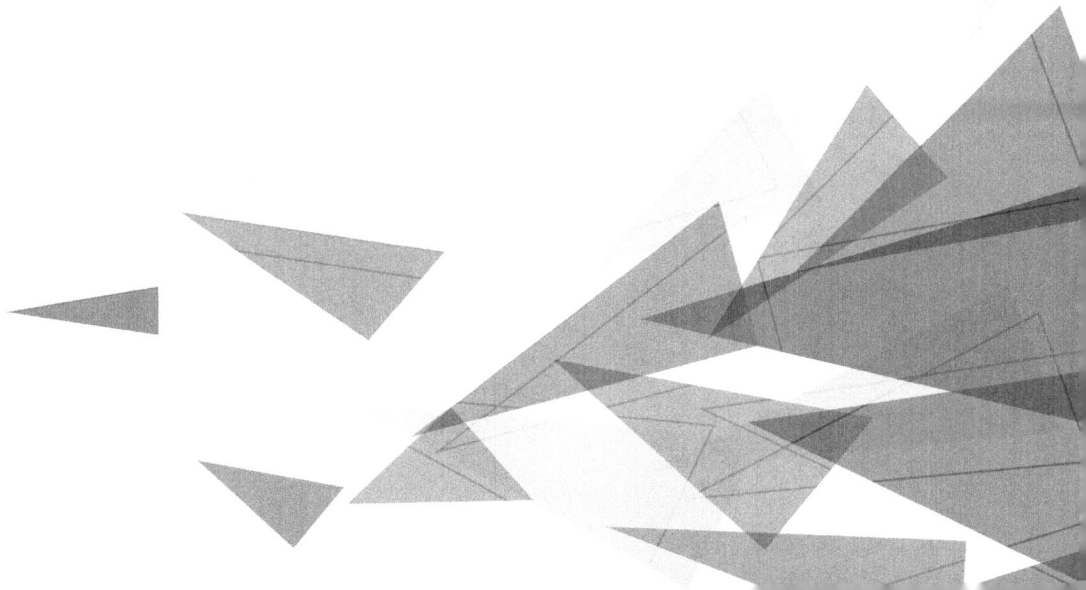

"老大早啊！"许静有时候嗓门很大，和她的美女气质有点儿不符。"老大，上次听你讲了大脑的学习原理之后，我又找了几本书来看，发现真是越学越带劲呢。"许静开心地说道。

"嗯，你的态度和学习能力都是非常不错的，我要向你学习！"王振话中带着一些敬佩之意。

"我就没那么厉害了，我就复习了一下上次的笔记，也觉得信息量挺大的。"小魏感叹道。

"小魏，你的进步我都看在眼里的，在新员工中，你算成长快的了！"许静鼓励道。

"我们这次学习的目的是让内训师的授课更生动一些，掌握更多的方法。所以我整理了授课中可以用的 40 个活动：破冰活动 10 个、开场活动 10 个、教学活动 10 个、收尾活动 10 个。"王振边说边递给了两位美女一本小册子。

"好多活动啊。"小魏一边翻着手册，一边说道。

"是呀，估计花了老大很多心血吧！"许静知道搜集资料是很辛苦的。

"这都是我这么多年的积累，为了使公司的内训师能更上一层楼，我找出自己压箱底的材料了。"为了把工作做好，王振义不容辞。

"那我们要怎么做呢？"许静拿着资料问道。

"这些活动我就不给你们一一讲解了，上面白纸黑字写得很清楚，你们自己拿回去研究，研究好之后在实际授课中拿来运用，运用之后填写《教学活动使用心得表》，活动是否能在公司大规模铺开，你们的试点运用和建议很关键。"王振强调着。《教学活动使用心得表》见表 3-1。

表 3-1　《教学活动使用心得表》

姓名：		部门：
课程主题：		
选用的活动：		
使用心得：		
改进建议：		
其他事项：		

"为了让你们有充分的时间去研究和开展活动，这次给你们 1 个月的时间，下个月 5 日，我们在会议室碰头，聆听你们的建议和分享。如果可行的话，第三季度我们就在全集团开展这次活动。还有什么不明白的地方吗？"王振提高音量问道。

"暂时没有了，老大！如果有我们再来找你！"许静马上应答。

破冰活动是为了在课程开始前让学员更好地把注意力聚焦到课堂中而设计的活动，破冰活动一般和教学内容无关联。

破冰活动 1——我眼中的他（她）

• **活动概述**：让两位学员随机组成一组，给每位学员发一张 A4 纸，让学员坐在位子上互相给对方画一幅肖像画，画完之后，在画纸的右下角签名，并把这幅作品送给对方。然后用 2 分钟解释一下这幅作品的创作要点及突出事项。

• **活动目的**：通过互相观察，互相画画，互相解释沟通，快速增进学员之间的感情和信任关系，尤其让陌生学员之间能够较快地打开心扉。此活动也能增加课堂的欢乐与趣味性。

• **活动时长**：10 ~ 12 分钟。

• **参与人数**：40 人左右。

• **座位方式**：两人一组，相对而坐。

• **游戏道具**：A4 纸，水笔。

• **活动原理**：人天生会对关于自己的物品感兴趣，如拍了合照后，看照片时首先会找自己，会看自己被拍得好不好。所以此活动的设计能够最大化地促进学员参与，尤其是能获得对方的作品，听到对方的解读，这更能激发学员的积极性。

• **活动指引**：

第一步：学员两两组成一组

讲师：大家好，很高兴大家能在百忙之中抽出时间参与本次课程的学习。大家是来自各个企业的骨干精英，为了让大家更好地认识彼此，加深了解，接下来，我们做一个"我眼中的他（她）"的活动。请大家起立，在学员中找一位小伙伴，形成两人小组，并在教室内找位置坐下。

第二步：观察并画画

讲师：接下来，请大家面朝您的搭档坐好，观察您的搭档 5 ~ 10 秒，并请大家在桌上拿一张空白的 A4 纸，A4 纸竖着放，请拿一支笔，给您的搭档画一幅肩膀以上的肖像画。好，现在开始。

异议处理：有学员可能说自己不擅长画画，画不好之类的。这时讲师要鼓励学员，没有学过画画没关系，尽自己的最大努力把对方的特征等信息画出来就行了。

讲师行为：讲师可以在学员画画的时候在边上走来走去，一方面观察学员的画画进度；另一方面，通过走动给学员施加压力，让他们尽快完成作品。

第三步：互相赠送画纸

讲师：好，时间到了，我看各位同学都画得差不多了，虽然大家画画的基本功各有千秋，但我发现大家都画得很认真，都在努力把对方的面部特征和轮廓要点刻画出来。现在，请大家在画纸的右下角签上名字，在名字下面写上今天的日期。给大家 15 秒完成这件事情。好，署名和日期都写好了吗？接下来，请大家把画纸用双手捧好，郑重地送给对方，并露出笑容，向对方说："这是我送您的礼物！"

讲师行为：当学员交换完画纸之后，现场会成为一片欢乐的海洋，大家或许会捂着嘴欣赏别人给自己画的肖像画，或许会传递彼此的作品，这时讲师可以适当用 1 分钟，让大家先充分欣赏和分享劳动成果，并为后续的步骤做铺垫。

第四步：学员互相解读画纸

讲师：看到各位同学拿到自己的肖像画之后都很开心，毕竟这是今天同学送给您的第一件礼物，也是挺珍贵的一件礼物。不管他的画画得如何，我们应该相信对方是用了心的，现在给每位同学 2 分钟向搭档解释一下：为什么您会画这幅画？您主要想表达什么？您觉得对方的哪个面部特征是您最喜欢的？您可以拿着画纸，一边对照画纸，一边向对方说明，来，开始吧！

> **异议处理**：由于东方人的内敛和含蓄，很多学员可能并不一定会马上表述，这时讲师需要给学员做一个示范，例如可以拿起一张学员的画纸说："我对面这位伙伴最吸引我注意的，是他这副没有镜片的大黑框眼镜，还有下巴上的一小撮山羊胡，所以我主要通过刻画这两个元素，来体现这位帅哥的个性和品位，并且我想告诉他，你真的很潮，我要向你学习。"
>
> **讲师行为**：讲师要鼓励学员把话说出来，不一定按照讲师提问的思路来讲，可以按照自己的思路。讲师在教室里走动，聆听学员的分享，找到一些分享得不错的学员，为下一步做准备。

第五步：学员代表发言

讲师：刚刚转了一圈，大家分享得还是挺不错的，基本上把画像所要向对方传达的意思表达清楚了。刚刚我在教室里转的时候，听到第四组的这两位搭档的分享挺有意思的，我们请他们上台给大家分享一下，好吗？掌声欢迎！

第六步：讲师总结

讲师：我们再次掌声鼓励，谢谢两位同学的精彩分享，这两位学员不仅画得不错，分享的内容也挺有意思的。活动暂告一段落，课程的精彩还将继续。我们会发现，刚刚活动的每个步骤都是很紧凑的，一环扣一环，有些学员挺从容的，几乎都能提前做好，让自己不至于那么忙乱，也有些同学追赶得比较辛苦，很多环节的节奏都比较乱，要么就是没做完，要么就是草草收尾。其实大家的智力水平都是差不多的，对活动的认知应该也是差不多的，之所以速度和节奏不一，是因为你们的专注度、投入度不同。你的投入度和专注度越高，越渴望改变，越渴望成长，你就越有可能超越别人，反之，你就可能在进度上落后于他人。这两天的课程我们主要学习的是技能，想要技能熟练就需要大量练习，所以希望学员们能保持专注，跟上课程的进度和节奏，让自己收获更多，谢谢大家！

· 注意事项：

1.本活动最主要的是让学员开心，即使学员的作品不尽如人意，也不要讽刺挖苦学员，否则容易引发学员的反感。

2.有个别学员有可能一直不动笔画画，这时讲师一定要动员和鼓励他，否则他可能会影响其他学员的作画情绪。

· 活动变体：

1.如有需要，可以让学员在本组内就近寻找搭档，组合成两人小组。

2.如时间较紧张，可以删除学员互相解读画和学员代表分享的环节。

3.也可以让每组推选一位志愿者，成为小组成员肖像画的对象，并让每个小组派代表登台做解读和分享。

破冰活动 2——看图说起来

· **活动概述**：让学员在一堆视觉引导卡中找到一张自己最喜欢的卡片，并思考这张卡片和今天所学内容的关联性。思考结束后，拿着卡片向班级内的至少 3 位学员做分享。

·活动目的：学员的互相交流和分享，不仅可以快速拉近学员之间的感情，也能使讲师对学员的偏好有一定的了解，同时，因为分享的主题和课程有关联，所以也能把学员的注意力引导到课程内容中。

·活动时长：10 分钟。

·参与人数：30 人左右。

·座位方式：鱼骨形。

·游戏道具：视觉引导卡一套（100 张左右）。

·活动原理：大脑对图片、颜色等的接受程度比文字更强，我们可以通过选择和解读图片来刺激和激发学员的积极性，同时通过走动和交流，让大家打开心扉，为后续课程做好准备。

·活动指引：

第一步：选择一张卡片

讲师：各位学员早上好，很高兴大家参加这次"压力与情绪管理"的课程，希望我们能一起度过这充实而美好的一天。大家看到，在我前面的桌上，散落着一堆卡片，上面印着各式各样的图片，有人物、风景，也有一些物品。现在我会把卡片随机打乱，并在每个小组的桌子中间放上一部分，请大家在 1 分钟以内在本小组所拥有的卡片中，找出一张自己最喜欢的或最能代表自己的卡片。好，大家现在开始选择吧！

> **讲师行为：**在这个环节，讲师可以加入一些幽默元素。如当学员挑选卡片时，有可能会出现 2～3 位学员都喜欢某一张卡片的情况。

这时讲师可以打趣说："如果在选择卡片时出现'撞车'的情况，大家可以本着尊老爱幼、女士优先的原则做分配，如果实在不行，那也不用客气，就靠拳头（石头、剪刀、布）来解决吧！祝各位好运！"

第二步：思考和准备

讲师：从各位的笑容来看，我相信各位都已经挑选到了心仪的卡片。如果实在没有挑选到心仪的卡片，也没有关系，因为后面还有很多练习分享环节，相信您一定会找到令自己满意的答案的。接下来，给大家2分钟思考一下，您手里的这张卡片和我们今天学习的"情绪与压力管理"有何关联。分享的关联性越多，关联程度越高，越能让您对这个主题有更深的认识，当然您也可以分享一个和此主题相关的故事。

异议处理：学员有可能会向讲师抱怨说这个环节太难了，自己手上拿着一张大海的卡片，这怎么和主题产生关联呢？这时，讲师可以引导学员从两件事情的共通性上做说明和阐述。例如，大海有时风平浪静，能行船，有时却波涛汹涌，能覆船，甚至让人丧命；情绪也是一样的，优秀的处理情绪和压力的能力能让别人如沐春风，而糟糕的处理情绪和压力的能力则让人际关系变得紧张。

第三步：分享和交流

讲师：好，大家准备得差不多了吧？现在请大家拿上自己的卡片，在班级内找到至少3位学员，互相分享一下你们的卡片内容，以及它和本次课程学习主题的关联性。大家开始找伙伴分享吧!

> **讲师行为**：讲师可以在学员分享时，站在学员边上聆听，并通过竖大拇指或口头表扬等形式对学员进行鼓励，让学员勇于开口，乐于开口，同时也为下一步学员代表发言物色一些优秀的学员。

第四步：学员代表发言

讲师：好，时间到，请大家和搭档互相握手，说："感谢你刚刚的分享！"虽然准备的时间不是很长，但我发现大家的分享都挺不错的。接下来我们开放 3 个名额，请学员上台来给大家做分享，有没有自告奋勇的？好，请大家用热烈的掌声欢迎这位同学给大家做分享！

> **异议处理**：学员有可能不愿意举手登台分享，这时讲师可以采取一些方法，如可以他荐，让学员推荐他觉得说得不错的学员来分享；或者今天是星期几，就挑选相应的小组派学员登台分享（例如上课时间为周五，就让第五组派学员登台分享）。

第五步：讲师总结

讲师：刚刚 3 位同学的分享真的很精彩！让我们再次给他们热烈的掌声。大家都知道，我们今天学习的是"情绪与压力管理"课程。其实刚刚的小活动就让大家挺有压力的。面对压力，如果你能找到正确的方法，迎难而上，并且控制好自己的情绪，你就会发现，有些事情并没有你想象中的那么难。今天，我们会给大家分享一些管理自我情绪与压力的方法，让你面对压力时不至于乱了阵脚，做到有的放矢。

• **注意事项：**

1. 不擅长表达的学员普遍会认为此项活动的难度很大，所以讲师一定要及时做示范，多做鼓励和引导，让他们走出这一步。

2. 鼓励学员起立之后，去其他组找同学分享，扩大交际圈。

• **活动变体：**

1. 给每组发一些卡片（数量超过小组人数），每位学员拿一张自己喜欢的卡片，准备之后，在小组内轮流做分享，分享完之后小组派代表登台分享。

2. 每位学员挑选两张卡片，一张代表自己此时的心情，另外一张代表你可以为这个班级做的事情，然后在班级内找学员做分享。

3. 每组发一些卡片，每位学员拿一张卡片，小组成员集思广益，用几段话把卡片全部联系在一起，并和课程的主题产生关联。

破冰活动 3——动手做测试

• **活动概述：** 给每位学员发一份《测试题》，要求学员在 1 分钟内完成所有的题目，检测大家的做题速度，对最先完成的小组给予奖励。

• **活动目的：** 此套题目与正常题目有所区别，学员如果按部就班地做，则要花费一些时间，但学员如果能提前把题目都看一遍，就会发现不用把20 道题全部做完，只需做第 19 题即可。通过这个活动，让大家明白做事之前通览全局，对事情有整体把控的重要性；同时，由于题目的设置，在做题的过程中也会产生一些喜剧效果，增加课程的趣味性。

• **活动时长：** 8 分钟。

• **参与人数：** 30 人左右。

• **座位方式**：鱼骨形。

• **游戏道具**：一套《测试题》（见辅助资料）。

• **活动原理**：一般情况下，人看书是从前往后看，做题目也是一道题目、一道题目，循序渐进地做，所以当发现不对劲的时候，已经来不及了，因为已经投入了一些时间和精力。通过活动，让学员学习打破惯性思维，开始有意识地关注全局。

• **活动指引**：

第一步：拿试卷做题目

讲师：大家好，看到大家端端正正地坐在座位上听课，让我回忆起了自己小时候上学的场景，那时讲师为了巩固大家所学的知识，提升班级的平均成绩，经常会给我们做测试，所谓每周一小考，每月一大考。今天，我们也给大家做一个测试，不过我这个测试是有时间限制的，因为各位都是企业的管理者，智商也很高，所以今天的测试限定时间，请大家在 1 分钟以内完成测试，题目总共为 20 道。我们会对最先完成的小组进行奖励，最后完成的小组则要接受惩罚。现在我们同时把试卷发给各个小组，大家拿到试卷抓紧开始做，现在已经开始计时了。

讲师行为：20 道题的信息不是很多，学员只要认真看一看题目，就能发现其中的"秘密"。发现的学员越多，活动的效果就越差，所以测试卷不能提前给学员，否则学员容易看到题目信息，同时讲师要营造时间紧迫的感觉，一直在边上倒计时，或大声说"某组的学员已经做完了，大家加油"等，让学员在慌乱中只知道往下做题目，不去思考其他内容。

第二步：学员分享感受

讲师：时间到，请大家放下手中的笔。刚刚的活动真的很有意思，我看到很多学员很焦虑，又想拿第一，又不太好意思当着全班学员的面喊"是 / 不""我做到了！""我是第一！"（《测试题》中要求的喊话内容）所以就一边喊，一边在笑。有的学员呢，辛辛苦苦地，好不容易做到最后，发现自己被耍了，无奈地摇摇头，对着试卷苦笑。而有的学员全程都很淡定，自始至终都没有喊话，却又最快地完成测试，显然是掌握了一些诀窍和方法。我们请这位学员（做得好的学员）给大家分享一下他的经验，好吗？我刚刚也听到这位学员一直在喊话，喊得很辛苦，也很投入，我们请他（按部就班做题的学员）也来分享一下自己的心路历程。

第三步：讲师做总结

讲师：活动已经做完了，刚刚两位学员的分享也很精彩。可能有学员会不服气，心想"讲师你耍我啊，拿这样一套题目给我做，你有何居心？"其实我想说，我们的实际工作何尝不是这样呢？很多时候我们接到领导的任务，根本不去细想，不去做全局的规划，直接拿来埋头就做。执行力强，是值得表扬的，但做的事情是否有效，有价值，却是要打问号的。我们有时接到上级的指令，不去理解，不去思考，直接就做"复制粘贴"，也会造成断章取义的窘境。结合这次课程，我希望大家能认真听课，听明白操作步骤和思路后，再去做练习和实践，而不是一知半解，随意发挥，这样就有点儿得不偿失了。

• **注意事项：**

1.此活动重在时间紧迫感的营造，所以活动的节奏一定要把握好，一环扣一环，不拖沓。

2.有的学员可能会觉得幼稚，不去动笔，所以一定要以小组比赛的方式去激励大家做题，这样组员内部会互相催促。

•活动变体：

1.每个小组发一份试卷，小组学员轮流做测试，每人做一题，然后把试卷传给下一位同学。

2.对活动的总结也可以转换思路：很多同学是做到了第 19 题的时候，才发现前面的工作都是无用功。那是不是说前面的 18 道题都是无用的，都是浪费时间的呢？我们的回答是"不是"。其实做题和我们平时的工作是一样的，有起点，也有终点，但是起点到终点的线永远都不是直线，而是一条弯弯曲曲的线，甚至还会折返回来。因为你要试错，你要付出代价，这就是从量变到质变的转变。很多时候，积累多了，试错多了，就会离目标越来越近。所以我们这次学习管理技能的课程，大家要多练习，多参与，错了没关系，只要不断实践，不断试错改错，我们就能进步和成长。

•辅助资料：

《测试题》

1.做事之前先通读全部资料。

2.将你的名字写在本页的右上角。

3.将第二题的"名字"这个词圈起来。

4.在本页的左上角画 5 个小方格。

5.大声叫你自己的名字。

6.在本页的第二题后面再写一遍你的名字。

7.第一个问题后面写上"是"。

8.把第五题圈起来。

9. 如果你喜欢这项测试就说"是"，不喜欢就说"不"。

10. 在本页右边空白处，写一个"66×7"的算式。

11. 你做到这道题时，大声地叫一声自己的名字。

12. 如果你认为自己已经按要求做到了，就大声地说"我做到了"。

13. 在本页左边的空白处写上"66"和"98"。

14. 用你正常讲话的语调从 10 数到 1。

15. 站起来，转一圈，然后再坐下。

16. 在第四题中的"本页"这个词周围画个方框。

17. 大声说出"我快做完了，我是按要求做的"。

18. 如果你是第一个做到这一题时，就说"我是第一"。

19. 如果你已按第一题的要求，认真读完了全篇内容，那么你只需做完第 2 题就算完成任务。

20. 完成任务后请不要出声和做任何动作，静候结束。

破冰活动 4——头脑大激荡

• **活动概述**：给每位学员发一份《头脑大激荡测试题》，要求学员在小组内讨论，讨论时间为 6 分钟，大家把答案写在 A4 纸上，并把答案传递给下一组（如第一组把答案传递给第二组，第二组传递给第三组，依此类推）。讲师公布答案，大家互相批改答案。得分最高的小组获得奖励，得分最低的小组接受惩罚。

• **活动目的**：小组成员对测试题的思考和讨论，可以快速拉近组员之间的距离，熟悉彼此的沟通风格。同时通过和其他小组互相传递答案，互相批改答案，扩大和别组学员的交流和分享，有利于整个课程的融合。

· **活动时长**：15 分钟。

· **参与人数**：30 人左右。

· **座位方式**：鱼骨形。

· **游戏道具**：《头脑大激荡测试题》（见辅助资料）。

· **活动原理**：小组成员虽然坐在一起，但是因为没有共同的目标，很容易纪律涣散，游离走神。头脑激荡活动可以把大家的注意力迅速吸引过来。同时在活动中加入小组 PK 的元素，也可以让大家的团队荣誉感油然而生。

· **活动指引**：

第一步：分发测试题并讨论答案

讲师：大家好，昨天我在看杂志的时候，发现了几道很有意思的测试题，于是我就连夜把这些问题复制了下来，并做成了一份测试题来测测大家的头脑反应速度。测试题总共有 5 道，每题 20 分。待会儿大家拿到测试题后，要先进行小组讨论，讨论时间为 6 分钟，然后请大家将讨论后得出的答案写在一张 A4 纸上，我们会对大家的答案进行评分。总得分最高的小组会获得 20 分的积分奖励，总得分最低的小组会接受集体惩罚。下面给大家发放测试题，小组讨论和 PK 开始。

异议处理：拿到测试题，学员的第一反应可能是去网上搜索，讲师一定要预防这种事情发生，告知学员不能上网搜索。组与组之间可以互相检举。一旦有上网搜索的，该组就扣 10 分。

讲师行为：如果课堂现场没有计分环节，对于优胜小组也可以送些小礼物，如巧克力、糖果等。

第二步：答案的传递和交换

讲师：时间到了，请大家坐下。当大家思考问题、沉浸其中时，时间总是过得很快。我走了一圈，看到大家都已经在 A4 纸上写下 5 个题目的答案了，当然，是对还是错，我们现在还不知道。在公布答案前，我希望各位能配合讲师做两件事情。第一件事情，请组长在你们写答案的 A4 纸的右上角写上你们的小组编号和名称。第二件事情，把写完小组编号和名称的 A4 纸传递给下一组（第一组传给第二组，第二组传给第三组……第五组传给第一组）。给大家 30 秒来做测试题传递的工作。

第三步：讲师公布答案

讲师：接下来我们公布答案。讲师一边公布答案，一边请小组学员给其他组的答案打分，对的打 20 分，错的不打分。得分计算完之后，决出优胜小组，获得积分奖励。给予末尾小组全体成员小小的惩罚。

异议处理：学员可能会揪着题目题干的文字歧义做文章，并给出自己的理解和答案，这时讲师不要一味否定学员答案。成人学习无定式，只要学员可以自圆其说，都应该得到鼓励和适当给分。

讲师行为：讲师要强调给其他组打分要公平公正，不得徇私舞弊。友谊第一，比赛第二。

第四步：讲师总结

讲师：不知道大家一开始看到这些题目时是什么感觉，反正我当时看到是有点儿懵的，因为好久没做这种脑力大开的题目了，所以我当时思考了 30 分钟，也只做出了 1 道题，而且还是错的。我看到各组的表现，显然都比我好，大家至少都对了 2 道题。我想问大家，如果这种类型的题目，我们每天做 5 道，坚持 1 个月，请问解决这种类型题目的速度和准确率是否能够提升？答案是肯定的。所以大脑是个很神奇的器官，我们每天喂它什么，它就长成什么样子。如果我们每天打游戏、追剧，那它就对游戏的操作，对剧情的猜测和把控有过人之处；如果我们每天学习、看书、提升自己，那大脑就会更发达，积累的有益信息也越多。所以希望这两天的课程，我们通过讲练结合的方式，给各位带来更多的信息和刺激，打破惯性思维，提升竞争力。

• **注意事项：**

1. 如果有学员做过类似的题目，知道答案，这时可以请他们旁观或做巡视员，不要直接在小组内公布答案，剥夺其他学员探索和讨论的权利。

2. 如果全班学员的答案正确率都很高，讲师就要祝贺大家，并给大家都加分。如果全班学员的答案正确率都很低，就不要惩罚学员了，而是通过表扬团队讨论很积极、解决问题执行力很高等去向学员做正向的反馈，提升大家的士气。

• **活动变体：**

1. 将 5 道题分别写在小纸条上，每组的小组长上台抓阄，每个小组用 3 分钟对自己抓到的题目做思考和讨论，然后派代表登台分享答案和理由。

2. 将 5 个问题罗列在 PPT 上，并通过投影仪投影出来，让各小组准备答案并进行抢答，答对加分，答错扣分。

• **辅助资料：**

《头脑大激荡测试题》

1. 只画一笔，将下面这个罗马数字的奇数（代表 9）变成偶数。

IX

2. 你有一个 5 分钟的沙漏和一个 3 分钟的沙漏，怎么使用它们来计时 7 分钟呢？写出你的解决办法？

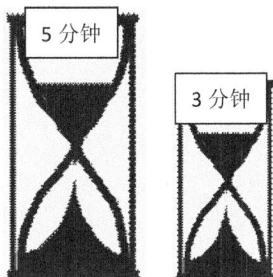

3. 正方形里有 9 头狼。画出两个正方形，能够把每只狼都独立地圈起来。

4. 3 个杯子是满的，3 个杯子是空的，请只移动一个杯子，就让空的杯子和满的杯子交替出现。

5. 请为以下图形添加 6 条线，得到 10。

|||

《头脑大激荡测试题》答案

1. 只画一笔，将下面这个罗马数字的奇数（代表 9）变成偶数。

答案： SⅨ。加一笔 S，变成英文单词 SIX，即数字"6"。

2. 你有一个 5 分钟的沙漏和一个 3 分钟的沙漏，怎么使用它们来计时 7 分钟呢？写出你的解决办法？

答案： 将两个沙漏同时计时，当 3 分钟沙漏漏完时，5 分钟的沙漏还可以漏 2 分钟。从这里开始计时，5 分钟沙漏剩余的沙子漏完后，时间过去了 2 分钟，此时，马上把这个沙漏倒置，沙子全部漏完后就是 7 分钟了。

3. 正方形里有 9 头狼。画出两个正方形，能够把每只狼都独立的圈出来。

答案：

4.3 个杯子是满的，3 个杯子是空的，请只移动一个杯子，就让空的杯子和满的杯子交替出现。

答案：把左边第二个杯子里的饮料倒进右边第二个空杯内就可以了。

5.请为以下图形添加 6 条线，得到 10。

答案：

TEN

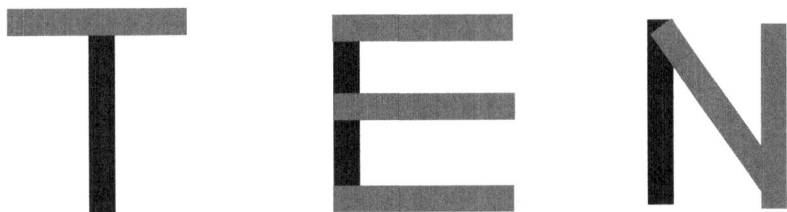

☞ **破冰活动 5——颜色大混战**

• **活动概述：**在 PPT 上展示红、黄、黑、绿、蓝 5 种颜色的色块，请学员辨认并指出是什么颜色。这个环节大家可以轻松过关。下一页 PPT 上写着红、黄、黑、绿、蓝 5 个字，同时有 4 个字所代表的颜色和字的颜色是对应的，如红字的颜色就是红色；有一个字的颜色和它自身是不对应的，如黑字用的紫色。这时找一位学员起立读出字对应的颜色，刚刚的黑字就应该念紫。第三页 PPT 中的红、黄、黑、绿、蓝分别出现 2 次，共计 10 个字，颜色全部都是错乱的，再请学员起立念出字实际的颜色。

• **活动目的：**通过让学员出错，告诉大家学习应该保持空杯心态，你以前的经验并不一定对你的成长都是有帮助的，有些反而会拖累你，所以要先保持学习的心态，把自己的姿态放低，这样才会有所收获。

· 活动时长：8 分钟。

· 参与人数：40 人左右。

· 座位方式：鱼骨形。

· 游戏道具：三轮活动的 PPT 页面（见辅助资料）。

· 活动原理：大脑喜欢先入为主，看到"红"字，就想到红色，可偏偏字却是黑色的，所以大脑的反应速度瞬间慢了下来。学员对字与颜色不匹配的认知过程会很痛苦，对经验主义也会有不一样的认识。

· 活动指引：

第一步：颜色大混战第一轮

大家好，今天我们以对颜色的重新认知来开启课程。首先请看这页 PPT（讲师把颜色大混战的第一轮 PPT 呈现出来）。请问大家，这些色块都是什么颜色的？给大家 10 秒，我们请每组派一位代表说一说这些色块的颜色。（接着邀请每组的学员来对色块的颜色做说明。正确的答案是红、黄、黑、绿、蓝，如果不出意外，学员的回答应该都是正确的。）

第二步：颜色大混战第二轮

讲师：刚刚大家做得都很好，全部回答正确了，接下来我们看下一张 PPT（讲师把颜色大混战的第二轮 PPT 呈现出来）。PPT 一呈现出来，讲师就找一位学员大声说出这 5 个字的颜色。绝大多数情况下，学员都会念红、黄、黑、绿、蓝。讲师请学员再仔细观察，这里面有没有问题。经过讲师的导和学员的观察，大家最后才发现原来"黑"字的字面颜色和文字的实际颜色是不对应的，黑字用的是金色。所以正确答案应该是红、黄、金、绿、蓝。

讲师行为：这一步的 5 个字出现后，讲师要马上找学员念，不要给学员留思考和观察的时间。这样才能确保学员在使用惯性思维的情况下出错，为后面带领学员找出问题做铺垫。

第三步：颜色大混战第三轮

讲师：刚刚的第二轮一不小心就碰到了陷阱。接下来我们再看最后一张 PPT（讲师把颜色大混战的第三轮 PPT 呈现出来）。规则还是和第二轮一样，要说出文字的实际颜色，而不是文字的字面颜色。从左到右，先说第一行的 5 个颜色，再说第二行的 5 个颜色。给大家 30 秒准备一下，我们待会儿让每组派代表上来说颜色，并给大家计时，我们看哪一组的小伙伴说的速度最快、正确率最高，我们给加分。（第三轮的正确颜色依次是黑、蓝、绿、红、黄、绿、红、黄、蓝、黑。）

讲师行为：第三轮的准备时间不宜过长，控制在 1 分钟以内，时间过长，容易让学员熟能生巧，降低挑战难度。讲师可加入一些挑战的元素，如学员一旦念错一个颜色，计时就多加 5 秒。念错越多，计时就会越长。

第四步：讲师总结

讲师：第三轮的活动，一开始看到大家都很痛苦，不知不觉就会念成文字的字面颜色。这是因为我们一直认为，"红"这个字就应该是"红色"。今天我们改变了规则，大家就会很不习惯，所以你大脑中的某些经验已经根深蒂固了，很容易让你犯经验性的错误，这是需要大家注意的。另外大家也不难发现，第三轮虽然比较难，但是如果你能够持续练习几次，还是能提高速度和正确率的，这说明大脑是具有可塑性的。所以我希望大家积极参与今天的课程，不要自我设限，不要总觉得很多事情自己做不了，因为你的潜力很多时候是超乎你想象的。

• 注意事项：

1.讲师准备 PPT 素材时，多检查几遍，因为讲师自己也容易犯错，没有把文字的字面颜色和实际颜色区别开来。

2.有可能的话，讲师也要把第三轮多练习几遍，万一学员经常失败，起哄说让讲师给演示一下，讲师也能做到临危不乱。

• 活动变体：

1.不一定每次活动都要做 3 轮，在时间不充裕的情况下，可以减少轮次，但无论怎么减少，第三轮的练习内容都要保留，因为它体现了本游戏的精髓。

2.讲师也可以在把规则讲清楚的情况下，让学员出题，给其他小组做测试。如讲师规定只能用红、黄、黑、绿、蓝五色彩笔。每组学员按照字面颜色和实际颜色不同的方式，写 10～15 个字，并拿着写好的文字，去其他组测试学员。

• 辅助资料：

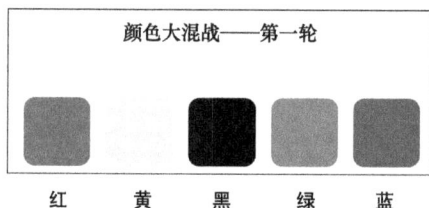

颜色大混战——第一轮

红　　黄　　黑　　绿　　蓝

颜色大混战——第二轮

红　　黑绿蓝

颜色大混战——第三轮

红黄黑绿
红黄　绿蓝

破冰活动 6——解开 T 字之谜

•**活动概述**：给每组学员发一套 T 字之谜的积木，让他们用这套积木搭建一个大写的英文字母 T。最快搭成的小组可以给积分或小礼物作为奖励。

•**活动目的**：让看似不可能的事情成为可能，对学员能产生较大的刺激作用，并引发他们做更深层次的思考，提升课程的效果。

•**活动时长**：10 ～ 15 分钟。

•**参与人数**：30 人左右。

•**座位方式**：鱼骨形。

•**游戏道具**：5 ～ 6 套 T 字之谜积木（每组一套）。

•**活动原理**：通过手、脑、嘴等多感官刺激，让学员快速融入课堂，具有挑战性的任务也能激发学员参与课程的积极性。

•**活动指引**：

第一步：分发积木并布置任务

讲师：大家好，很高兴大家参加今天的职业化修炼课程。职业化是每位大学毕业生都要学习和实践的。希望大家通过今天的学习，能够抓住从学生转变为职场人士的关键，帮助自己顺利转型。一开始，我想邀请学员们一起来做一个小活动，这个活动的名字叫"T字之谜"。我会给每组学员发一套积木，每套有4块积木，请大家发挥你们的聪明才智，用这4块积木搭建一个大写的英文字母T。最先完成的，我们有神秘奖品作为奖励。

讲师行为：讲师在学员搭建T字时，可以四处走动，观看学员的进度，同时要确保学员没有拿手机搜索答案。如果有学员觉得此项任务根本没法完成，讲师要为他们打气，鼓励他们多做尝试。

第二步：公布答案，学员分享感受

讲师：经过6分钟的不断尝试和实验，我们的第四组终于率先完成了这件作品。让我们把掌声送给他们。请大家看大屏幕，这就是我们T字搭建的答案。大家看完答案再摆放，是不是感觉这个游戏瞬间变得简单了？接下来，我们请冠军组派一位代表上台分享此次活动的心得，掌声有请！

异议处理：学员在分享时，有可能说不了几句话，没有把他们完成这次活动的精髓体现出来。这时讲师需要引导学员。例如，讲师问，你们觉得自己能获胜的关键是什么？当很多学员准备放弃时，你们做了什么？再次搭建T字的时候，你们做了哪些不同的尝试，等等。

第三步：讲师总结

讲师：我们感谢这组学员的精彩分享。说实话，当初我拿到这些积木时，想法也和各位差不多，就这么几块形状不规则的积木，怎么可能搭建出 T 字呢？最后，有人搭建出来了，我才恍然大悟。我想告诉各位的是，就这 4 块积木，是可以搭建 100 种形状的，这恐怕是简单的元素融合出复杂场景的极致体现了吧。所以，大家不要觉得今天学习的内容很平常，没太大的用处，只要你将它们有机整合，平时多尝试、多实践，你就会在工作中搭建出属于你自己的 T 字来。

· **注意事项：**

1. 如果学员较多，讲师要多准备几套积木，以免道具不够影响课程开展，并注意活动结束后回收道具，控制成本。

2. 不要太早公布答案，多给学员一些时间尝试、思考、试错。建议让学员至少尝试 5 分钟以上。

· **活动变体：**

1. 用 A4 纸剪出多套纸质的积木，给每位学员分发一套纸质积木，让大家独立思考，搭建 T 字。

2. 用 A4 纸剪出多套纸质的积木后，把积木完全打乱，让每位学员从里面拿出 4 块积木，搭建出一个 T 字。这就需要学员相互交流、交换积木后再搭建 T 字，会增加活动的复杂性。

· **辅助资料：**

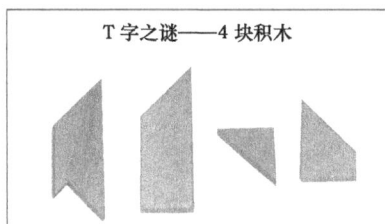

T 字之谜——4 块积木

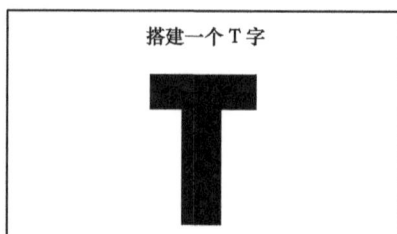

搭建一个 T 字

T 字之谜——答案

📝 破冰活动 7——号码任你选

• **活动概述：** 给每位学员发放一张空白的姓名席卡。让大家在姓名席卡的一面写上自己的姓名，在另外一面写上一个手机号码，号码可以随意编辑。写完之后在小组内分享，每个小组选派一位优秀代表登台分享，讲师做总结点评。

• **活动目的：** 一个手机号码的背后隐藏着学员的很多个人信息，分享这些信息可以加深学员之间的熟悉程度，快速拉近彼此的距离，也能增加课程的趣味性。

• **活动时长：** 15 分钟。

• **参与人数：** 40 人左右。

• **座位方式：** 鱼骨形。

• **游戏道具：** 姓名席卡（每人一张）（见辅助资料）。

• **活动原理：** 人人都有窥私欲，分享彼此最喜欢的数字，可以促使头脑分泌大量的多巴胺，增加参与课程的兴奋度和愉悦感，也能为课程增加一些温情。

· 活动指引：

第一步：姓名席卡分发，书写名字

讲师：大家早上好，很高兴大家能在百忙之中参加本次课程。上课之前，有学员问我："讲师，今天上课，学员怎么都没有席卡啊？"看得出，这位学员一定是听课方面的"老司机"了，对于课程的物料准备了然于胸。接下来，我们就给大家发席卡，请大家拿到席卡之后，只在一面写上自己的姓名，尽量写大点儿。记住，只在一面写名字，另外一面请暂时空着，另做他用。

第二步：书写最喜欢的手机号码

讲师：大家一定有疑问，另外一面写啥呢？现在我来公布答案，另外一面请大家写一个手机号码，至于号码中的数字写什么，由您自行选择，写上您最喜欢的数字，或对您最有意义的数字，只要确保写的是数字且是11位就可以了。给大家 3 分钟写号码。

异议处理：学员可能会很兴奋，会不由自主地交头接耳，这时讲师要告诉学员，这是一个个人学习的任务，请独立完成号码的编辑，不需要和他人讨论，待会儿会留时间给大家讨论分享。

讲师行为：讲师最好建议学员先打个草稿，充分斟酌后再将手机号码工整地写到席卡上，这样可以避免在写席卡的过程中涂涂改改，不仅能使席卡更美观，还能减少席卡物料的损耗。

第三步：小组分享感受

讲师：大家真的很能写啊，脑洞大开，让我对手机号码有了新的认识。有的同学生来就是土豪啊，手机号码88888888888，发到底啊；有的同学是游戏高手，手机号码66666666666，双击666啊；有的同学就含蓄多了，写上自己和家人的生日日期，寓意一家人永远不分开。我想，无论大家写的数字是什么，这应该都是当下你最喜欢的数字，或是对你最有意义的数字。接下来，请大家以小组为单位，由组长安排顺序，在小组内分享一下你的号码所代表的含义，每位同学的分享时间控制在90秒以内。现在开始吧！

第四步：派代表登台分享

讲师：刚刚大家在分享的时候，我也听到了一些，大家对数字的选择确实很用心：有的学员写的数字与奶奶有关，虽然奶奶不在了，但她留下的这些数字成为我们怀念她的一种情感寄托；有的学员则借用数字表达对贵人的感谢，有了贵人的鼎力相助，才有了自己今天的成就；有的学员则借用数字表达对父母的感恩，自己离开家乡在外打拼，不能时常照顾父母，所以用数字表达对父母的思念之情。通过大家的分享，这些数字有了温度和情感，被赋予了深层次的诉求。接下来，我想请每组选派一位代表登台，再次分享你数字背后的精彩故事！

第五步：讲师总结

讲师：让我们再次用掌声感谢这几位学员的精彩分享。相信经过这个环节，大家对彼此的了解也会更深，会发现大家都是"有故事"的人。所以大家一起学习，不仅是向讲师学习，学员之间的学习也是很有价值的，每位学员身上都有值得关注和学习的闪光点。相信在大家的一致努力下，这次课程也会取得圆满成功。

• **注意事项：**

1.讲师要引导学员更多地关注学员分享的内容，而不是活动的形式，更多地看到其他学员身上的优点。

2.有的学员可能会借助这个环节分享自己内心最隐秘的信息，这时讲师要引导学员注意信息的保密性，不要将其随意传播，让分享的学员可以安心。

• **活动变体：**

1.写一个自己最感兴趣的汽车牌照号码，并分享自己的心得和感受。

2.写一个自己最想要的身份证号码，结合身份证号码给大家做解读和分享。

• **辅助资料：**

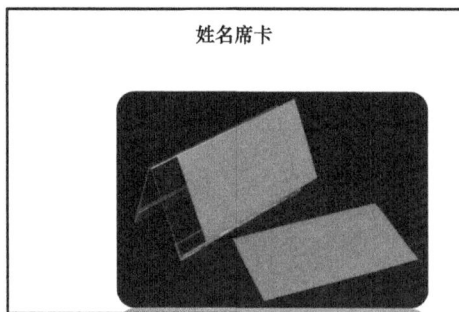

姓名席卡

✏ 破冰活动 8——剪纸大拼盘

• **活动概述：**给每组学员发放几本过期的杂志和几把剪刀。让每位学员在杂志中找到两张最能代表自己的图片（可以是人物，可以是风景，也可以是物件，等等），并把图片用剪刀剪下来，在小组内结合图片轮流做自我介绍。介绍之后，由小组组长带领组员把大家的图片全部贴到一张白纸上，并代表小组成员登台做分享。

• **活动目的：**找到每位学员当下的关注点，激发学员彼此之间的学习兴趣。通过自我介绍加深学员之间的了解和信任，让他们拥有较强的团队意识。

- **活动时长**：20 分钟。
- **参与人数**：30 人左右。
- **座位方式**：鱼骨形。
- **游戏道具**：过期杂志 15～20 本，剪刀（每组若干把），白纸（每组一张）。
- **活动原理**：DIY 的方式能激发自我探寻的积极性，小组图片的融合也能让大家重新认识小组成员，便于在后期的课程中有更多的交流和互动。
- **活动指引**：

第一步：分发杂志，寻找并剪出图片

讲师：大家早上好，不知道在电子书如此盛行的情况下，大家还看不看纸质书或杂志？看了之后一般你是如何处理过期杂志的？今天我给大家带来了一些过期杂志，我们用过期杂志玩一个小游戏。刚刚我给每个组都发了几本过期杂志，还有几把剪刀，大家要做的是在杂志中找到最能代表自己的两张图片，人物、风景、物件等都可以，找到之后请用剪刀剪下来，待会儿我们要做学员分享。好，请开始吧。

> **讲师行为**：如果杂志不能保证让学员人手一本，为了减少等待时间，可以让学员将杂志沿书脊撕开，方便几个学员同时观看和选择。

第二步：小组内分享图片

讲师：经过 5 分钟的选择和裁剪，大家都已经选到了最能代表自己的图片。大家一定很好奇，为什么别人会选择这张图片？这背后藏着什么故事呢？你选的这张图片好像和我选的有相似之处，那么你会怎样解读呢？接下来，我们让每组学员在组长的主持下，轮流在小组内分享一下你的选择并做自我介绍，每位学员的时间控制在 2 分钟以内。我们开始轮流做介绍吧。

第三步：将图片贴在白纸上

讲师：大家结合图片做自我介绍的时候真的是神采奕奕、生动传神。小组内的小伙伴也应该已经互相熟悉甚至热络起来了。我们不仅要让小组成员之间互相熟悉，也要让整个班级的学员之间互相熟悉。所以接下来给大家 6 分钟，请大家在组长的带领下，把每位成员的图片贴在一张白纸上，大家一边贴，一边思考，如何把小组成员的图片串起来并形成一定的逻辑关系，方便待会儿向大家做展示和介绍。

第四步：派代表登台分享

讲师：忙碌之后，各个小组的作品都已经完成了。我看到大家把图片贴出了花样，贴出了小组的风格。有的小组把图片贴成了一棵树的形状，有的小组把图片贴成了一张笑脸的形状，有的小组则贴成了一颗爱心的形状。大家都很有创意。我们不仅要贴得好，更要有一定的意义。接下来，我们就请各组派代表带上你们贴好的作品，分别上台给大家做介绍。我们先掌声欢迎第一组。

> **讲师行为**：讲师除了关注学员分享的内容外，还可以从学员贴纸图案的创意角度给予点评。

第五步：讲师总结

讲师：通过大家的分享，我对各位刮目相看，大家竟然有那么多的奇思妙想，年轻真好啊！在刚刚的活动中，大家借助图片这个实物做了分享，让分享更生动，更能引发听众的共鸣。同时经由小组的团队配合，让每个个体的分享达到了新的高度。结合我们平时的工作和学习，大家也要积极寻求合作资源，找到合适的人和你一起完成一些有难度的、有挑战的任务。也希望大家把这种积极的团队合作，成员之间融洽的沟通和配合贯穿运用在今天的学习中。

• **注意事项：**

1.剪刀是利器，在使用时，要提醒学员注意安全。

2.引导学员分享正能量的信息，不要满口抱怨、满腹牢骚。

• **活动变体：**

1.如果时间不够，可直接让小组成员剪图片，合作完成一幅剪贴画，省略组员轮流分享的环节。

2.可以给学员发一张白纸，让学员直接把想要表达的信息画在纸上，并上台做分享。

破冰活动 9——逢 3 大 PK

• **活动概述：** 把学员分为 5～6 组，每组学员人数基本持平。让学员依次从 1 报数，如果报到 3 或 3 的倍数，或个位和十位出现 3 的数字，则该学员不能说话，只能拍一次桌子。哪组学员在不出错的情况下，报出的数字最大，则为获胜小组。

• **活动目的：** 通过游戏快速把学员的注意力吸引到课堂中来，快速激发学员讨论分享、寻求积极突破的方法，让讲师上课事半功倍。

• **活动时长：** 25 分钟。

• **参与人数：** 30～40 人。

• **座位方式：** 鱼骨形。

• **游戏道具：** 无。

•**活动原理**：人天生富有挑战精神，尤其是在面对可能会让自己受挫的活动和项目时。逢 3 大 PK 因每组参与人数较多，所以不确定性非常大，谁都有可能出错，因此能极大地激发组员克服失败、获得成功的欲望。

•**活动指引**：

第一步：公布规则，进行第一轮比赛

讲师：大家早上好，很高兴大家参加此次课程。一个善于为自己的成长投资时间和金钱的人一定是一个有远见的人。每个组的学员都来自五湖四海，为了考验各位配合的默契程度，考验大家的反应速度，课程一开始，我们要做一个逢 3 大 PK 的游戏。

讲师：游戏规则请看大屏幕（见辅助资料）。我会依次站在每个小组的旁边听大家报数，其他小组的学员也请认真聆听。如果该组有学员报错了，或者某位学员的思考时间过长，或者本该报数的却拍桌子了，本该拍桌子的却报数了，等等，则该组的此轮游戏就结束。游戏总共进行 3 轮，取 3 轮报数的最好成绩。优胜者给予小组积分的奖励。

异议处理：讲师在小组旁边做裁判聆听小组成员报数时，其他小组可能会借机练习和讨论，这时讲师应要求其他小组保持安静，让大家共同监督正在进行报数的小组，以免影响比赛的公平性。

讲师行为：为了让学员对活动规则有更好的认识，可以组织一组学员先给大家做一个模拟示范。

第二步：公布第一轮成绩，小组讨论改进措施

讲师：第一轮激烈的比赛结束了，大家的成绩普遍不高，第一名也只喊到了 17，还有的小组都没有突破 10 就喊错了。大家一定不服气。接下来，给各位 5 分钟讨论对策和方法，想一想如何配合得更默契，依次报出的数字更多，彼此衔接得也更顺畅。好，讨论开始。

第三步：进行第二轮比赛

讲师：讨论时间到，有的小组已经写满了好几张纸，个个摩拳擦掌，信心满满。哪一组先接受第二轮的挑战？好，由第三组先开始……

第四步：公布第二轮成绩，小组讨论改进措施

讲师：第二轮比赛也结束了，这一轮大家的成绩已经拉开了差距，第五组已经喊到了数字 53，目前是成绩最好的一组。第二组只喊到了 20，似乎和第一次差不多，进步不是很明显。接下来给大家 5 分钟再次讨论对策和方法，看看哪里出了错，为什么过早出现犯规和失误，还有什么改进的方法，怎样确保在第三轮来个绝地反击？好，大家继续讨论。

第五步：公布第三轮成绩

讲师：看到大家讨论得如此激烈与投入，真不想打断大家。第三轮的比赛马上就要开始了，这将是我们的最终决斗，鹿死谁手，让我们拭目以待。这次的比赛顺序将由第二轮比赛的成绩来决定，第二轮数字最低的组先开始，按照数字由低到高依次进行。来，大家保持安静，我们先观摩第一组小伙伴的精彩表现。

第六步：公布最终成绩，讲师总结

讲师：经过三轮激烈的角逐，我们恭喜第四组成功逆袭，成为本次活动的冠军。其他几个小组的表现也都很棒，都比第一轮有了不小的进步和提升。大家会不会觉得，如果我们一直练习下去，大家一起寻求方法和决策，随着对数字和角色越来越熟悉，就能把报的数字提高很多呢？答案应该是肯定的。因为练习得越多，我们对活动的理解就越深，大家彼此的配合也就越默契。结合到我们的课程学习也是一样的，希望大家能够多实践、多反思、多总结。不仅在课堂上要积极练习，回到工作岗位上也要学以致用，只有这样，你才能走出舒适圈，让自己的能力得到提升。

•**注意事项：**

组内的某些学员可能会经常出错，影响小组的成绩，这时讲师要引导学员不要抱怨，而是要想办法通过减少"瓶颈"学员的出错率提高小组的成绩。

•**活动变体：**

1. 小组之间可同时PK，每组派出一位代表去其他组做裁判，讲师一声令下，小组之间同时开始喊数字，裁判认真聆听每组学员报数字并记录成绩。需要注意的是，学员和裁判之间不能互相包庇。

2. 如果时间不够，可以只进行两轮，或适当压缩每轮之间讨论对策的时间，但增加比赛的轮次。例如，每轮之间讨论1分钟，做6个轮次，也会收到不一样的效果。

•**辅助资料：**

逢3大PK 游戏规则

•参与人员：各个小组的成员。

•活动说明：组员依次报数（每次从1开始），轮到的数字是3的倍数或个位和十位出现3的数字均不可出声，只能拍桌子。如出错，此轮就结束。

•活动轮次：3轮。

•胜负判断：取3轮最好成绩。

破冰活动 10——名字有故事

• **活动概述**：给每位学员一张 A4 纸，让学员在纸张上方的正中间位置写上自己的姓名，并给学员 8 分钟在名字的下方画一幅画，这幅画要能体现对名字的解读或对自我个性的解读。画完之后，找学员做分享，给大家讲讲此画所代表的含义，以及自己为什么要画这幅画。

• **活动目的**：由姓名介绍作为开场是比较保守的方式，因为每个人都能够对自己的姓名做一番陈述。加入画画的元素，可以增加活动的生动性和体验感，让学员在聆听分享时有更强的代入感。

• **活动时长**：20 ～ 25 分钟。

• **参与人数**：30 ～ 40 人。

• **座位方式**：鱼骨形。

• **游戏道具**：A4 纸。

• **活动原理**：人都对和自己相关的事物感兴趣，以姓名为跳板去了解他人、增进信任是一个不错的方法。通过图画的交流，也能增加彼此的交流接触点和交流的深度。

• **活动指引**：

第一步：发放纸张，开始画画

讲师：大家早上好，很高兴见到各位。我们都说名字是我们最在乎的一个称呼，有的时候即使现场很嘈杂，我们还是能听到别人喊我们的名字，这是一件非常神奇的事情。所以今天我们的第一个活动就从大家最关心的名字开始。请每位学员在桌上拿一张 A4 纸，在 A4 纸上方的正中间位置写上自己的名字，并且在 A4 纸下方的空白区域画一幅画。这幅画要能体现你的名字，或者代表你的个性，我们给大家 8 分钟来完成作品，现在开始吧！

> **异议处理**：如果学员说不知道画什么，不知道从何下手，讲师可以建议学员画什么都可以，如一种动物、一个建筑、一个人物，只要觉得能代表自己就可以。如果学员强调说自己不会画画，讲师可以建议学员简单地画（如画火柴人），或用手机找一些简单的图画临摹。画是次要的，重要的是画要表达的含义。

第二步：学员起立互相分享

讲师：好，时间到了。大家真是脑洞大开，画画的内容非常丰富。我看到很多同学都画了动物。我记得上次也有学员画了动物，他画的是猫头鹰（见辅助资料）。他分享说之所以画猫头鹰有 3 个原因：一是他的性格是猫头鹰型的，也就是完美型性格，作为公司的财务经理，他需要缜密、细心，确保公司的财务安全；二是他像猫头鹰一样是夜猫子，晚上精力旺盛，可以熬夜学习、加班等，所以感觉自己比别人总是多出几个小时的时间；三是猫头鹰是国家二级保护动物，他希望自己也能像国家保护猫头鹰一样，去保护他的家人，体现男人的责任感。大家待会儿也拿着自己的图画，至少在教室内找 3 位同学分享你的图画。每位的分享时间限定在 2 分钟之内。请大家起立，开始找小伙伴分享吧！

第三步：代表登台分享

讲师：看到大家刚刚热络的分享，感觉你们像是认识了多年的老朋友，完全没有距离感和陌生感，真是太棒了！接下来我们请 3 位同学登台为大家做分享。谁想把握这个机会？好，我们掌声有请这位学员。

第四步：讲师总结

讲师：我们经常说，一个苹果大家一起分，每个人分到的只有一小块；但是一个好的想法与小伙伴分享，可能会得出多个想法。今天的分享应该也是这样的，你热情坦诚的分享也会换来对方的坦诚分享，也让你对某件事物有了新的、更深的认识。我们希望大家都能保持这种开放分享的状态，因为你越开放，分享得越多，你所得到的也会越多！

• 注意事项：

讲师可以建议学员在互相分享的环节中，听完对方的分享后，给予一些正面积极的反馈，而不是负面消极的反馈。

• 活动变体：

1.学员完成绘画之后，讲师将纸统一收齐，打乱顺序后再发给学员，由学员找到图画上的作者，聆听他的分享，并把图画还给对方。

2.学员画好之后，可以在小组内轮流分享，并选派代表登台做分享。

• 辅助资料：

第四章
10 种课程开场活动

开场活动一般是为了帮助讲师引入教学内容而设计的活动，好的开场活动能够激发学员对课程内容的兴趣，进而让学员沉浸于课堂中。

开场活动 1——沉默的杯子

• **活动概述**：讲师准备 10～12 个材质不同的杯子，询问学员"假设你口渴了，你会选择哪一个杯子喝水"，每组只能选择一个杯子。一般情况下，学员都会选择精致的、漂亮的、昂贵的杯子。这时，讲师要引导学员意识到自己要喝的是水而不是杯子，很多时候我们会因为个人的喜好，给原本只要"喝水"的动作增加太多不必要的流程和步骤。

• **活动目的**：通过本活动的开展，让大家认识到公司的很多规章制度和流程都已经违背了初衷，变得越来越复杂和冗长，因此流程需要简化，要服务于最初的目的。

• **活动时长**：20 分钟。

• **参与人数**：30 人左右。

• **座位方式**：鱼骨形。

• **游戏道具**：10～12 个材质不同的杯子，例如一次性塑料杯、陶瓷杯、马克杯、精致的咖啡杯、一次性纸杯、玻璃杯等。

• **活动原理**：引导学员关注到某个习以为常的问题点，仅仅通过简单的陈述是很难改变他人的。通过活动的开展，让学员认识到现实的误区，有利于后期课程内容的导入和讲述。

• 活动指引：

第一步：展示杯子，大家挑选杯子

讲师：各位同学，人作为一种生物，需要满足自己基本的生理需求，例如吃饭、喝水、睡眠休息。接下来，我给大家展示一些杯子，请大家在组长的带领下讨论一下：假如你口渴了，想要喝水，你会选择哪一个杯子？给大家 1 分钟讨论，讨论完之后，请组长上台挑选杯子。

> **异议处理**：如果有两个及以上小组想要选同一个杯子，讲师可以适当做引导，例如可以让学员通过"石头、剪刀、布"等方式来决定杯子的归属。

第二步：学员陈述挑选杯子的理由

讲师：大家的动作都很快，桌上的杯子瞬间就少了很多。我相信，无论你们选择的是哪个杯子，肯定都是有理由的。接下来，我们请每组派一位代表，拿上杯子登台做分享，每位学员分享的时间不超过 3 分钟。来，我们掌声欢迎第一组的学员代表做分享。

第三步：讲师做总结

讲师：不得不说，我非常佩服各位的口才，就选一个杯子喝水这么简单的事情，大家的理由都如此丰富多彩、出其不意。在这里，我想请各位再思考一个问题：我们选杯子的原因是什么，是不是为了喝水？只要杯子没有问题，无论用什么样的杯子都应该能满足喝水这个简单的需要。回过头来看，刚刚大家挑选杯子的时候，选择的几乎都是漂亮的、昂贵的、有个性的杯子，而廉价的、丑陋的杯子几乎没有人选择。大家可能会说，杯子漂亮，我才有喝水的欲望啊，拿个丑的杯子，根本就不想喝水。听起来似乎挺有道理，但你有没有想过，因为这个漂亮的杯子，你增加了多少成本？甚至有人因为杯子漂亮，一直不舍得用，最后把杯子收藏起来了。本来一件很简单的事情，做到最后，却会发现离初衷越来越远，越来越远！

讲师： 给大家讲一个故事。美苏争霸的时候，美国国家航空航天局的宇航员在太空工作时，发现因为失重，普通的水笔在太空不能正常书写，美国科学家发挥了积极创新的精神，花费了 30 万美元，历时 6 个月，研发出太空专用笔，这种笔在失重的情况下依然可以流利书写。有一次，美苏的航空科学家开展技术交流会，美国的科学家自豪地拿出新近研发的太空专用笔向苏联的科学家展示和炫耀。苏联科学家在耐心听完美国科学家的夸耀性的介绍以后，苏联科学家冷冷地说："你们的笔确实做得还不错，但是费用太高了，也浪费了太多的时间。在太空，我们虽然同样碰到了普通钢笔不能书写的问题，但我们只是换用铅笔便解决问题了，我们的花费仅仅不到 1 美元。"故事听到这里，你是不是会惊讶于 1 美元和 30 万美元的差距？但它们解决的却是同一个看起来很小的问题：找一支在太空能写字的笔。苏联科学家怀着简单的初衷找到了替代品——铅笔；但美国科学家似乎越走越远，越想越复杂，加入了很多自以为是的想法。

讲师： 大家有没有思考过，有多少次，我们的初衷只是"喝水"，但是却人为地增加了很多与"喝水"没有太大关联的想法，偏离了问题的根本。因此，今天的课程我们将聚焦企业的冗余流程和步骤，通过一些方法将它们简化，以利于组织健康发展，提升工作效率。

- **注意事项：**

1.给学员准备的杯子，优质和劣质之间的差距越明显，学员挑选优质杯子的概率就越大，越有利于讲师后续的总结和收尾。

2.有些学员可能会一直坚持自己的看法，讲师应该尊重学员的想法。讲师只是想通过这个活动告诉大家，企业的资源和时间都是有限的，很多流程的步骤要简化。为了完成"喝水"这样的基本动作，用漂亮的杯子"喝水"这样锦上添花的事情也可以有，但是出现的频率和次数不宜太多。

- **活动变体：**

给学员看一些笔，例如高档的派克笔、简易的圆珠笔、一次性水笔、钢笔等，让学员以小组为单位做选择，选择后小组讨论：在什么场景下，用这支笔做书写工具是最合适的，并给出理由。分享完之后，再带领大家思考：公司的哪些流程需要像简易的圆珠笔一样简单明了就好，哪些流程可能要像万宝路笔那样让对方感受到尊重和地位，等等。据此引发要根据场景和对象设计相应的流程和步骤的思考。

开场活动 2——有钱怎么花

- **活动概述：**告诉学员，有一天你突然发了一笔"横财"，在之后的 10 天中，你每天都会拥有 86400 元人民币，且这些钱如果没有在当天被花掉，一旦时间过了零点，就会全部清零。接着第二天又会拥有 86400 元人民币。请学员拿一张 A4 纸，在左边写上天数，在右边写上每天使用这些钱的明细。写好之后，先让学员在组内分享，再请一些学员登台做分享。

- **活动目的：**86400 秒为一天，通过大家对金钱的分配，也能看到一些大家规划和分配时间的习惯。这个活动旨在让大家珍惜时间，不浪费和虚度光阴。

- **活动时长**：15～20分钟。

- **参与人数**：20～30人。

- **座位方式**：鱼骨形。

- **游戏道具**：A4纸。

- **活动原理**：很多中了彩票大奖的彩民，过了一段时间之后，不仅没有使钱得到增值，反而很有可能比中彩票前更穷了，这是为什么呢？因为当他面对一笔巨款时，他的能力还没有提升到可以驾驭这笔巨款，所以钱很快就散出去了。面对时间也是一样的，很多人面对每天的24小时86400秒，总感觉时间过得很慢，于是每天无所事事、虚度光阴、浪费时间，时间在其手上是一种多余的资源。但是很多优秀人士却善于运用时间，提升工作效率，创造出更大的成就。

- **活动指引**：

第一步：介绍活动规则

讲师：各位同学，不知道大家有没有看过一部电影，范伟在片中饰演一位父亲，每当他早上醒来，就会拥有5万元，于是他疯狂消费，要把钱全部消费掉，为什么呢？因为他发现这笔钱过了晚上12点就会清零，第二天又会获得另外的5万元。于是他就过着"5万富翁"的逍遥日子。

今天，我们也来过过这样的逍遥日子，好不好？假设每天早上醒来，你就会发现自己的银行账户上多了86400元人民币，这笔钱可以任意消费，但钱如果用不完，过了晚上12点就清零了，第二天再给你86400元，这种天上掉馅饼的事情总共持续10天。

异议处理：有的学员可能会问讲师，为什么是这么奇怪的一个数字，而不是整数。这时，讲师不能透露答案，不能告诉学员因为一天是86400秒，而可以告知学员一些其他的理由，如这样的数字才有意思啊，才能印象深刻啊，等等。

第二步：学员开始罗列用钱规划

讲师：请大家在A4纸上罗列出每天你将如何花费这86400元。这笔钱的花费完全按照你的个人意愿进行，你想怎么花就怎么花，不需要有任何顾虑。给大家5分钟完成这项工作。

第三步：学员小组分享

讲师：大家都写得差不多了，是不是感觉花钱也是挺有压力的，特别是在有时间限制的时候？接下来，我们就以小组为单位进行分享，看看哪位小伙伴的分享更有个性，花钱花出了水平和高度！

第四步：学员登台分享

讲师：听完了小伙伴的分享，我发现有的学员还是很有创意的，把花钱的计划做得滴水不漏，既有意义，又不浪费；有的学员走的则是土豪路线，吃吃吃，喝喝喝，玩玩玩……其实没有对错，自己觉得开心就好。接下来，我们请每组派一位学员上台做分享。大家掌声欢迎！

第五步：讲师总结

讲师：大家的分享都结束了，真的很有激情和创意。接下来我来公布谜底：为什么是86400元，而不是5万元或10万元？因为86400代表的是一天24小时的秒数。通过看大家对金钱的消费规划，也能看出大家比较关心的一些问题：有些人还房贷，说明房贷压力很大，想减轻压力；有些人买吃的、喝的、衣服等，说明重在享乐；有些人做慈善，说明心地善良；有些人去旅游，说明崇尚自由，等等。无论你选择了什么，今天的钱花出去了，就拿不回来了。如果你没有对一天 24 小时做充分的运用，到第二天你再后悔也没用了。所以大家可以想一想，每天的时间都花到哪儿了？特别是下班之后的时间。有专家说，下班之后的时间运用将决定一个人未来的走向。有一个故事说的是，有两个寺院的和尚每天都要下山打水，由于经常碰面，就慢慢熟悉了，大家在打水的路上有说有笑，互相分享经验。结果突然有一天，高个子和尚发现矮个子和尚没有下山打水，他以为矮个子和尚生病了，于是就抽空去另一座山看望矮个子和尚，发现矮个子和尚在打太极拳，于是就好奇地问："你今天不下山打水，你喝啥？"矮个子和尚说："哎呀，忘了告诉你了，这 5 年来，我每天都抽空挖井，所以 5 年下来，我给自己挖了口井，以后就不用下山打水了，有时间可以做点儿自己想做的事情。"所以，各位同学，你花时间在"给自己打井"这件事情上了吗？你花时间让自己能力倍增，让自己更有价值了吗？或者说你让自己的时间使用效率更高了吗？带着这些疑问，今天我们来学习《高效时间管理》这门课程。

- **注意事项：**

不去评价学员花钱的方向和思路，而是引导学员思考把钱（钱等同于时间的概念）花在哪里更有效，花在哪里更有价值，花在哪里可为自己增值。

- **活动变体：**

给学员限定花钱的范围，如旅游、学习、吃喝、衣服、房贷这 5 项，让学员分享在每一项上花多少钱并给出理由。

开场活动 3——数字小魔法

• **活动概述**：请学员在 A4 纸上写一个个位、十位、百位都不相同的三位数。将这个三位数的个位和百位交换位置。用两个数中数值大的减去数值小的，得出第一个结果。再把第一个结果的个位和百位交换位置，得出第二个结果。把第一个和第二个结果相加，得出的结果为 1089。学员随意写出三位数，按照讲师的思路进行计算，结果都是一样的，都是 1089。

• **活动目的**：让大家认可 SOP 标准化流程的重要性。只要大家按照标准流程操作，就可以确保结果的一致性，不至于出现太大的偏差和误差。

• **活动时长**：10 分钟。

• **参与人数**：30 人左右。

• **座位方式**：鱼骨形。

• **游戏道具**：A4 纸。

• **活动原理**：随机的数字选择，简单的数字加减运算，得出的结果却是一致的。这种看似随机但结果可控的小活动会对学员产生一定的刺激，帮助学员更好地接受讲师的观点和理念。

• **活动指引**：

第一步：介绍数字小魔法的活动规则

讲师：各位学员，下面我们开发一个小魔法活动，一起来见证奇迹的发生。请大家拿出一张 A4 纸，并在 A4 纸上写一个个位、十位、百位都不相同的三位数（如数字 379）。把这个三位数的个位和百位交换位置（变成了 973）。这时纸上出现了两个数（即 973 和 379），用数值大的减去数值小的（即 973–379，得出的结果是 594），再把得出的结果的个位和百位交换位置（得出 495），把最后两个数相加（即 594 + 495），结果为 1089。无论学员写的三位数是多少，只要按照讲师的思路进行计算，结果都是一样的，都是 1089。大家一定很好奇，为什么大家写的起始数字不一样，结果却是一样的呢？给大家 3 分钟时间小组讨论，待会儿请小组派代表发言。

异议处理：如果学员第一次将两个数字相减得出的是一个两位数，就让学员在两位数的前面加个数字零即可，这样就又变成了三位数，可以进行后面的运算，得出的最终结果还是 1089。（如学员写下的初始数是 172，交换位置变成了 271。271-172=99。在 99 前面加个 0，变成 099，再把 099 的个位和百位交换位置，变成 990，099 + 990=1089，结果还是一样的。）

第二步：小组讨论，学员代表登台分享

讲师：好，小组讨论得差不多了，我们请每组派一个代表登台做分享，我们先掌声欢迎第三组。

第三步：讲师总结

讲师：感谢大家的分享，大家的分享都很到位，都谈到了流程的重要性。确实，像我们这样的生产制造型企业，SOP 标准作业是非常重要的，只有大家遵循标准作业，按照操作规范行事，才能确保品质的统一和交期的及时性，降低不良品率。很多时候，我们下了飞机，需要坐摆渡车回到候机楼，一般来说两点之间直线距离最短，但是你会发现摆渡车是在机场里面绕来绕去的，为什么要这么做呢？因为司机要遵循机场的动线，严格按照标准流程行驶，如果不这么做就可能撞上飞机，造成不可挽回的损失。所以有的流程看似烦琐，其实是在帮助大家节省时间，统一工作品质。

当大家都遵守企业的操作规范时，就可以做到熟能生巧，进而对流程做合理的优化和精简，帮助企业更好地提升效率。所以，今天我们就来学习 SOP 标准化流程的内容。

•**注意事项：**

讲师要注意上课的节奏，计算的每个步骤不要过快，要让学员跟上你的进度，最后大家一起在惊讶声中得出 1089 的结果，效果会更好。

•**活动变体：**

让学员在纸上任意写一个三位数（个位、十位、百位不一样），然后问学员有哪些方法可以让这个数变成 1089。学员可能会说把自己写的数字再加另外一个数字，得出 1089（如学员写了 642，再加 447 就是 1089）；也有人说可以把数字乘以 2，再减去一个数字，也能得出 1089（如学员写了 583，583×2=1166，1166-77=1089）。讲师告诉大家这些方法都可以得出 1089，但是大家的方法各不相同，实际操作过程中出错的情况也可能千奇百怪，所以不可控。讲师再公布数字小魔法的方法，让大家按照一定的流程，得出一样的结果。

开场活动 4——测评知性格

•**活动概述：** 给学员发一套性格测评问卷（见《性格自测 40 题》），让学员凭第一感觉做选择，根据学员的测试结果，讲师协助学员分析自己的性格特征，了解他人的性格特征，以求更好地沟通和协作。

•**活动目的：** 通过测试题及讲师的解读，让大家明白人与人之间的性格差异，从而给予他人更多的体谅和理解，减少沟通处事中的冲突，提高沟通质量。

•**活动时长：** 20 分钟。

· **参与人数**：40 人左右。

· **座位方式**：鱼骨形。

· **游戏道具**：《性格自测 40 题》。

· **活动原理**：测试题的形式会极大地激发和吸引学员的注意力，尤其是讲师对测试题做解析的过程，更会让学员的兴趣值达到顶峰。

· **活动指引**：

第一步：发放测试题，做自我测评

讲师：今天我们来聊一个大家都很感兴趣的话题，那就是人的性格。我们中国有句古话，叫"林子大了，什么鸟都有"。也就是说，人的性格是各异的。为了知己知彼，让大家在平时的工作、生活中减少和他人的摩擦，我们今天来学习如何识别自己和他人的性格。首先我发给大家一张性格测评表，表上一共有 40 道题，每道题只能选择一个答案，哪个答案最能代表当下的你，你就选择它。给大家 10 分钟的时间，现在开始。

第二步：测评结果计算

讲师：我看各位都完成得差不多了，接下来我们统计一下数量，请大家数一下在你的 40 道题目中，分别有几个 S，有几个 C，有几个 M，有几个 P，数好之后，请写在测评表最下面对应的英文字母旁边。大家别数错了，要确保 4 个英文字母的数量加起来是 40。

第三步：讲师做性格分析

讲师：刚刚有同学问我，S、C、M、P 分别表示什么意思。它们分别对应了几种性格。SC 是偏外向的性格，是比较主动的；MP 是偏内向的性格，是比较被动的；S 代表的是活泼型的性格；C 代表的是力量型的性格；M 代表的是完美型的性格；P 代表的是和平型的性格。如果你的选项中有一项超过 20 个，那就代表这个英文字母所代表的性格就是你的主性格（如 S:21，C:9，M:6，P:4，这就代表你是活泼型的性格 ）。如果几个选项的数值比较平均（如 S:6，C:15，M:16，P:3，这就代表你的性格集力量和完美于一身）。以下是 4 种性格的解读，大家可以对照看一下（详见《沟通风格测试问卷》和《沟通风格测试问卷》评分表）。接下来，我将为大家深入讲解如何与不同性格的人沟通相处，同时教会大家如何与多重性格的人沟通互动。

• **注意事项：**

做测试时速度一定要快，不要给学员讨论的时间，同时保证学员选择的答案一定不要经过长时间深思熟虑的，否则就会使量表失效，失去测评的意义。

• **活动变体：**

如果时间不够，可以做另外一套《沟通风格测试问卷》（详见《沟通风格测试问卷》），通过此量表，也可得出 4 种性格（第一列代表力量型性格；第二列代表活泼型性格；第三列代表和平型性格；第四列代表完美型性格），并可据此做后续的讲解和剖析。

• **辅助资料：**

《性格自测40题》

要求：

1. 下面有 40 道题目，每道题目中有 4 个选项，只可选择一项最符合自己的，不要和别人讨论，应独自完成。

2. 不要过多考虑，以第一感觉为准。

3. 如果希望看到更真实的自我，就不要向自己所期望的那个角色靠拢，而要根据实际状况选择。

4. 最后统计出 C、M、S 和 P 的数量。（例如，18C、12M、5S、5P。）

题目：

1	C：对新事物下决心做好 P：轻松自如地融入任何环境 S：表情生动，手势多 M：准确知道所有细节之间的逻辑关系	**2**	P：面上极少流露表情或情绪 M：躲避别人的注意力 S：好表现，华而不实，声音大 C：喜命令支配，有时略傲慢
3	M：完成一件事后才接手新事 S：充满乐趣与幽默感 C：用逻辑与事实服人 P：在任何冲突中不受干扰，保持冷静	**4**	S：生活任性无秩序 C：不易兴奋，经常感到喜事难成 P：不易理解别人的问题与麻烦 M：不易宽恕或忘记别人对自己的伤害，易嫉妒
5	P：易接受他人的观点，不坚持己见 M：为他人利益愿意放弃个人意见 S：认为与人相处好玩，无所谓挑战或商机 C：决心依自己的方式做事	**6**	C：抗拒或犹豫接受别人的方法，固执己见 P：不愿意参与，尤其当事物复杂时 M：把实际或想象的别人的冒犯经常放在心中 S：反复讲同一件事或同一个故事，忘记自己已重复多次，总是不断找话题说话
7	M：关心别人的感觉与需要 P：控制自己的情感，极少流露 C：把一切当成竞赛，总是有强烈的赢的欲望 S：因个人魅力或性格使人信服	**8**	P：经常感到强烈的担心、焦虑、悲戚 M：坚持做琐碎的事情，要求注意细节 S：由于缺乏自我的约束，不愿记无趣的事 C：直言不讳，不介意将自己的看法直说
9	S：给旁人振奋的刺激 M：对人诚实尊重 P：自我约束情绪与热忱 C：对任何情况都能很快做出有效反应	**10**	S：滔滔不绝的发言者，不是好的听众，不留意别人也在讲话 C：难以忍受等待别人 P：很难下定决心 M：感到担心且无自信心
11	P：容易接受任何情况和环境 M：对周围的人和事十分在乎 C：独立性强，机智，凭自己的能力判断 S：充满动力与激情	**12**	C：很难用语言或肢体当众表达感情 P：无兴趣且不愿介入团体活动或别人的生活 M：由于强烈要求完美而拒人于千里之外 S：时而兴奋，时而低落，承诺总难兑现

（续表）

13	M：事前做详尽的计划，依计划工作	14	P：迟迟才有行动，不易参与
	P：不因延误而懊恼，冷静且容忍度大		M：标准太高，很难满意
	C：相信自己有转危为安的能力		S：不依照方法做事
	S：动用性格魅力或鼓励推动别人参与		C：坚持依自己的意见行事
15	M：容易感到被人疏离，经常无安全感或担心别人不喜欢与自己相处	16	M：尽管期待好结果，但往往先看到事物的不利之处
	P：不喜欢制定目标，也无意制定目标		C：自我评价高，认为自己是最好的人选
	S：有小孩般的情绪，易激动，事后马上又忘了		S：容许别人（包括孩子）做他喜欢做的事，为的是讨好别人，让别人喜欢自己
	C：易与人争吵，永远觉得自己是正确的		P：中间性格，无高低情绪，很少表露感情
17	M：有系统、有条理地安排事情	18	C：自信，极少犹豫
	P：愿改变，很快与人协调配合		S：不喜预先计划或受计划牵制
	C：毫不保留，坦率发言		M：生活与处事均依时间表，不喜欢被干扰
	S：自信任何事都会好转		P：安静，不易开启话匣子
19	P：不主动交谈，经常是被动的回答者	20	P：不关心，得过且过，以不变应万变
	M：保持可靠、忠心、稳定		C：充满自信，坚韧不拔，但不合时宜或过头
	S：时时表露幽默感，任何事情都能讲成惊天动地的故事		M：往往看到事物的反面，而少有积极的态度
	C：发号施令者，别人不敢造次反抗		S：孩子般的单纯，不喜欢去理解生命的意义
21	C：敢于冒险，下决心做好	22	M：需要大量的时间独处
	S：带给别人欢乐，令人喜欢，容易相处		C：为回报或成就感不断工作，耻于休息
	P：待人得体，有耐心		S：需要旁人认同、赞赏，如同演艺家，需要观众的掌声、笑声与接受
	M：做事秩序井然，记忆清晰		P：时时感到不确定、焦虑、心烦
23	S：始终精神愉快，并把快乐传递到周围	24	P：遇到困难退缩
	P：情绪平稳，反应永远能让人预料到		M：被人误解时感到被冒犯
	M：对学术、艺术特别爱好		C：常用冒犯或未斟酌的方式表达自己
	C：自我肯定个人能力与成功		S：难以自控，滔滔不绝，不算是好听众

（续表）

25	M：以自己的完美标准来设想、衡量事情	26	P：事事不确定，又事事缺乏信心
	C：自给自足，自我支持，无须他人帮忙		C：冲动地控制事情或别人，指挥他人
	P：从不说或做引起他人不满与反对的事		M：很多时候情绪低落
	S：游戏般地鼓励别人参与		S：缺乏组织生活秩序的能力
27	S：忘情地表达自己的情感、喜好，与人娱乐时不由自主地接触别人	28	C：善变，互相矛盾，情绪与行动不合逻辑
	M：认真、深刻，不喜肤浅的谈话或喜好		S：思想兴趣放在内心，活在自己的世界里
	P：直接的幽默近乎讽刺		P：不接受他人的态度、观点、做事方法
	C：有很快做出判断与结论的能力		M：对多数事情漠不关心
29	P：避免冲突，经常居中调和不同的意见	30	S：生活无秩序，经常找不到东西
	M：爱好且认同音乐的艺术性，不单是为表演		M：情绪不易高涨，不被欣赏时很容易低落
	C：闲不住，努力推动工作，是别人跟随的领导		P：低声说话，不在意说不清楚
	S：喜欢周旋于宴会中，结交朋友		C：精明处事，使自己得利
31	M：善解人意，能记住特别的日子，不吝于帮助别人	32	M：不易相信别人，寻求语言背后的真正机
	C：不达目的誓不罢休		P：行动思想均比较慢，通常是懒于行动
	S：不断愉快地说话、谈笑，娱乐周围的人		C：决心依自己的意愿行事，不易被说服
	P：易接受别人的想法与方法，不愿与人相左		S：要吸引人，要做焦点
33	P：愿意听到别人想说的	34	P：事先估量每件事要耗费多少精力
	M：对理想、工作、朋友都有不可言喻的忠实		S：说话声与笑声总令全场震惊
	C：天生的领导者，不相信别人的能力如自己		C：毫不犹豫地表示自己的正确或控制能力
	S：充满生机，精力充沛		M：需要大量时间独处，喜欢避开人群
35	P：满足于自己所拥有的，很少羡慕别人	36	P：凡事起步慢，需要推动力
	C：要求领导地位及别人跟随		M：凡事怀疑，不相信别人
	M：用图表、数字来组织生活、解决问题		C：当别人不能合乎自己的要求，如动作不够快时，易感到不耐烦而发怒
	S：讨人喜欢，令人羡慕，人们注意的焦点		S：无法专心或集中注意力
37	M：对己对人高标准，一切事情有秩序	38	M：情感不定，记恨并力惩犯自己的人
	P：易相处，易说话，易让人接近		P：不甘愿时会挣扎，不愿参与或投入
	C：不停地工作，不愿休息		C：喜新厌旧，不喜欢长期做相同的事
	S：聚会时的灵魂人物，受欢迎的宾客		S：因缺少耐性，常会不经思考草率行动

（续表）

39	S：充满活力和生气的性格 C：大无畏，不怕冒险 P：时时保持自己的举止合乎认同的道德规范 M：稳定，走中间路线	40	P：为避免矛盾，宁愿放弃自己的立场 C：精明，总是有办法达到目的 M：不断地衡量和下判断，经常考虑提出相反的意见 S：像孩子般注意力短暂，需要各种变化，怕无聊

C:_____　S:_____　M:_____　P:_____

S、C、M、P 4 种性格的解析：

力量型性格解析（字母C）	
口头禅	my way or no way
生命意义	为目标而活
特点	优点、缺点都一样多，一样明显
优点	勇于冒险、竞争性、不怕逆境、意志坚强、机智、越挫越勇、独立性、直言不讳、敢作敢为、大胆、果断独立等
缺点	• "没有错"先生（女士），死不认错 • 强迫性工作狂 • 为了实现目标，给自己和周围人太大压力 • 控制欲太强、专横 • 人事关系紧张

活泼型性格解析（字母S）	
口头禅	太好了！我太高兴了！气死人了！
生命意义	快乐
特点	办成的事，和办砸的事一样多
优点	• 生动活泼的讲故事专家，开朗、热情、大嗓门 • 推广者、社交者、舞台型 • 朝气、敏锐，所有决定来自情感 • 爱笑，经常流露个性 • 朋友多
缺点	凌乱、无章法；多变；忘性大；说的比做的好；不能持之以恒；自我中心主义；无视纪律；喜出风头

（续表）

完美型性格解析（字母M）	
口头禅	万一不行……你看，我就知道做不成吧
生命意义	奉献
特点	想的总比做的多
优点	• 分析性，追求完美 • 敏感，注重细节 • 计划性，井井有条 • 居安思危，未雨绸缪
缺点	• 矛盾体，自信+自卑，自负+自贬 • 悲观，总是从负面看问题 • 易拖延，经常延误时机 • 好面子，标准太高

《沟通风格测试问卷》

要求：

1. 本卷有18道题目，每道题目有4个选项，只可选择一个，不要和别人讨论，应独自完成。

2. 不要过多考虑，以第一感觉为准。

3. 如果希望看到更真实的自我，就不要向自己所期望的那个角色靠拢，而要选择实际状况。

4. 最后在评分表中填入相应选项，并统计每列的数量。

题目：

1. 当我与他人谈话时，我喜欢＿＿＿＿＿＿。

A. 一针见血　　　　　　　　　B. 说话

C. 只告之我想让别人知道的部分　D. 事无巨细

2. 有时候我可能会＿＿＿＿＿＿。

A. 粗心　　　　　　　　　　　B. 延迟给别人资料

C. 过于严厉　　　　　　　　　D. 对事很乐观

3. 大部分时候我的谈话内容导向为_____。

A. 友善型　　　　　　　　　　　B. 精确型

C. 合作型　　　　　　　　　　　D. 结论型

4. 有时我被指责_____。

A. 过度假设　　　　　　　　　　B. 没有倾听他人谈话

C. 拖延　　　　　　　　　　　　D. 多嘴

5. 当我与他人在讨论时，他们_____。

A. 知道我渴望知道事实真相　　　B. 知道我不喜欢意外惊喜

C. 知道我的立场　　　　　　　　D. 知道我很热忱

6. 我喜欢的沟通方式是_____。

A. 正面性的　　　　　　　　　　B. 有逻辑性的

C. 直接的　　　　　　　　　　　D. 冷静的

7. 我喜欢的谈话方式是_____。

A. 启发性的　　　B. 乐观的　　　C. 诚恳的　　　D. 主控的

8. 我不喜欢的谈话方式_____。

A. 制造压力　　　　　　　　　　B. 不合作的

C. 不接受我的观点　　　　　　　D. 我无法控制场面的

9. 我感觉最好，当我_____。

A. 倾听他人谈话时　　　　　　　B. 遵照规定行事时

C. 指挥他人时　　　　　　　　　D. 顺畅及平静时

10. 在与他人沟通时的最大弱点为_____。

A. 要求细节　　　　　　　　　　B. 反应太快

C. 渴望成为焦点人物　　　　　　D. 说话前未做足够的准备

11. 大多数与我共事的人认为我是＿＿＿＿＿＿＿。

A. 友善的　　　　　　　　　　B. 谨慎的

C. 接受改变的　　　　　　　　D. 诚恳的

12. 我最大的希望是＿＿＿＿＿＿＿。

A. 与他人相处　　　　　　　　B. 预留时间调整变化的环境

C. 被激励　　　　　　　　　　D. 清楚的指示及评估

13. 沟通的基本观念是＿＿＿＿＿＿＿。

A. 与他人合作　　　　　　　　B. 从他人身上得到力量

C. 说服他人　　　　　　　　　D. 事事在抵制之下

14. 当我书面沟通时，我希望＿＿＿＿＿＿＿。

A. 尽量简短甚至不需要　　　　B. 夸大本意

C. 照本宣科　　　　　　　　　D. 长篇大论

15. 在什么样的环境下工作更能凸显我的作用＿＿＿＿＿＿＿。

A. 自由的　　　　　　　　　　B. 有工作伙伴的

C. 组织性的　　　　　　　　　D. 愉快的

16. 给予我最大激励的谈话带给我的是＿＿＿＿＿＿＿。

A. 挑战　　　　B. 安慰　　　　C. 友谊　　　　D. 肯定

17. 当我四周的朋友遇到压力时，我告诉他们＿＿＿＿＿＿＿。

A. 正面的信息　　　　　　　　B. 如何面对压力

C. 随情况而改变　　　　　　　D. 保持冷静

18. 在与人交谈中，我的最大特点是＿＿＿＿＿＿＿。

A. 有良知的　　　　　　　　　B. 外向的

C. 果断的　　　　　　　　　　D. 愿意倾听他人谈话

《沟通风格测试问卷》评分表

提示：圈选你的答案并统计每一列的分数。

	第一列	第二列	第三列	第四列
1	A	B	C	D
2	A	D	B	C
3	D	A	C	B
4	B	D	C	A
5	C	D	B	A
6	C	A	D	B
7	A	B	C	D
8	D	C	B	A
9	C	D	A	B
10	B	D	C	A
11	C	A	D	B
12	D	A	B	C
13	B	C	A	D
14	A	B	C	D
15	A	B	D	C
16	A	D	C	B
17	B	A	D	C
18	C	B	D	A
合计				

开场活动 5——价值新主张

• **活动概述**：给学员发一张 A4 纸，让学员想象自己两年后因某方面特别出色的工作表现，而登上了本行业某权威杂志的封面。这张 A4 纸就是杂志的封面，请学员在封面上简要写一些内容，你做了什么事情，帮助了什么人或发明创造了什么物品，等等，再配一幅图片，做成独一无二的专属"封面故事"，并和其他伙伴分享。

· **活动目的**：通过这个活动，让大家思考以下问题：公司请我来是要完成什么任务的？我有什么核心竞争力？我靠什么替公司创造财富，等等。以求更好地输出自身的价值主张，明确自己在公司或行业内的定位。

· **活动时长**：30分钟。

· **参与人数**：40人左右。

· **座位方式**：鱼骨形。

· **游戏道具**：A4纸，过期杂志若干（每组发若干本）。

· **活动原理**：人会活出自我期许的样子，当憧憬美好的未来并用文字和画面将其定格下来再和他人分享之后，人们会更有意愿和动力去试着实现它。

· **活动指引**：

第一步：布置任务，设计制作"封面故事"

讲师：各位学员，很多时候我们都会憧憬美好的未来，并且越想越兴奋，甚至睡不着觉。今天，我们就带领大家描绘一下美好的未来。桌上有一些过期的杂志，请每位学员拿一本自己喜欢的。各位看到，这些商业杂志的封面都有一位名人的照片，并且上面也写了几行字，描述他做了什么事情，取得了什么成就。接下来，我想请各位学员以你手上的商业杂志为参照，来描绘一幅你自己的"封面故事"。具体怎么做呢？我待会儿会给每位学员发一张A4纸，各位拿到纸后想象一下两年之后，自己登上了行业的某权威杂志封面，你要思考自己为什么登上了杂志的封面，你做了什么事情，取得了什么成就，把它们写在杂志的封面上，并在上面配一幅图，这幅图可以是你自己的肖像画，也可以用来说明你做过的事情。大家了解规则了吗？好，接下来给大家 15 分钟时间完成你的"封面故事"。

异议处理 1：学员可能会觉得杂志上的这些人取得的成就都是很大的，自己的成就微乎其微，讲师要引导学员意识到成就不分大小，只要是自己觉得重要的事情，对公司、社会有益的事情，都可以放上去。

异议处理 2：如果学员提出自己不会画画，讲师可以告知学员，画画是次要的，主要是上面的文字，你所取得的成就和所作所为才是最关键的。作为"封面故事"的创作者，你觉得什么画面能和这些文字做最好的搭配，你就绘制出什么画面。

讲师行为：在学员制作"封面故事"的过程中，讲师要确保学员单独作业，尽量避免大家讨论交流，给大家一个安静思考和创作的空间。同时，讲师应该在教室走动，随时为提出问题的学员解答，如果学员进度落后，讲师可以给予指导和帮助。

第二步：学员小组分享 + 登台分享

讲师：经过大家的用心和努力，我看大家的作品都完成得差不多了。接下来，我们请每个小组的成员在组长的带领下，在小组内做分享。每位学员分享的时间为 1 分钟。好，计时开始。

......

讲师：大家在分享的时候，我也转了一圈，旁听了几位学员的分享，我觉得我们这个班是世界上学员成就最高的一个班了，每位学员都在自己的领域内取得了不俗的成就，真替各位感到高兴。接着，我们请每组推举一位代表，登台分享你的"杂志封面"，哪一组先来？好，掌声欢迎这位学员。

第三步：讲师总结

讲师：活动结束了，可能有学员会问，讲师，你这样带我们做"白日梦"，有意思吗？我可以肯定地告诉你，相当有意思！开个玩笑。有的同学觉得自己很渺小，很普通，连取得大一点儿的成就都很难，更别说上杂志封面了。我想告诉各位的是，请大家回忆一下，你当时是因为具备什么能力，拥有什么样的素质，才会被公司的面试官看重加入公司的？或者说公司请你来是解决什么问题的？你的核心竞争力是什么？有什么是值得你自豪和骄傲的？说实在的，我们公司的招聘还是挺严格的，每一位员工都是精挑细选出来的，所以请大家不要妄自菲薄，你们能进入公司一定是因为你们是优秀的、有价值的。

我们公司很大，人才也很多，虽然你很优秀，底子很好，但如果你没有找到自己的核心竞争力，没有朝一个方向聚焦并努力下去，或者没有做好个人的自我定位，就很容易淹没在公司庞大的人才库中，没办法脱颖而出。所以借助刚刚的"封面故事"，我们会教大家如何通过自我分析找准发展点和突破点，寻找差异化，做好自我定位，让自己的价值最大化！

•注意事项：

1. 最好找一些和本行业相关的杂志，这样大家参考起来更有针对性。

2. 学员在制作"封面故事"或分享"封面故事"时，有可能会讲一些和工作无关的成就，这时讲师要把学员的注意力转移到与工作相关的成就和事迹中来，便于讲师做课程后续的总结。

• **活动变体：**

可以让团队进行"封面故事"的制作，让学员以部门为单位（采购部、人力资源部等）分小组而坐。让大家憧憬因为部门内部员工的不懈努力、团队合作、积极创新等原因而使整个部门登上了权威杂志的封面。给每个小组发放一张白纸，让大家集体创作并依次登台做分享，以增加团队内部成员的归属感和凝聚力。

✎ 开场活动 6——你会倾听吗

• **活动概述：** 讲师给学员念一段话，念完之后，讲师给学员再出 12 道题目，让学员对每道题目做判断，答案只有 3 个：对、错或不确定。一般来说，学员的正确率会非常低，远远低于 50%。

• **活动目的：** 通过此活动，让大家明白倾听并不简单，很多时候，大家的听只浮于表面，只接受自己想接受的信息，过滤自己不想接受的信息，以偏概全，导致沟通质量不高。只有全身心投入，不带任何偏见，把心扉打开，才有可能真正听出对方的话外音，从本质上提升沟通质量。

• **活动时长：** 15 ～ 20 分钟。

• **参与人数：** 30 人左右。

• **座位方式：** 鱼骨形。

• **游戏道具：** A4 纸。

• **活动原理：** 在未公布答案前，学员一般都会对自己的测试结果非常满意，认为 12 道题目自己至少能答对 9 道。结果是公布答案后，很多人却至少错了 9 道。这样的反差让学员知道倾听没有他们想象中的那么简单，并加深了他们对倾听重要性的理解，使他们在后续的课程学习中更加投入。

•活动指引:

第一步:做倾听小测试

讲师:我们每天都在沟通,可以说沟通是我们日常生活中非常重要的一项技能。沟通包含听、问、说 3 项技能。这 3 项技能都非常重要,缺一不可。今天我们花点儿时间来谈谈——倾听。倾听的重要性,大家应该都很清楚我在此就不赘述了。但我想问大家一个问题:你觉得自己会倾听吗?你肯定会不假思索地说,我怎么可能不会倾听呢?不会倾听,我怎么和别人沟通啊?所以,接下来我们做一个倾听的小测试,看看大家的倾听水平到底在哪个层次。

待会儿我会给大家念一段话,大家认真听,念完之后,我会出 12 道题目,大家要结合刚刚你听到的那段话,对 12 道题目做判断,备选答案有 3 个:对、错或不确定。哪位同学的准确率最高,他就是我们这次班上的"倾听之王"。大家准备好了吗?我开始念了。(见倾听资料一)

……

讲师:好的,这段话我已经念完了,为了帮助大家待会儿测试取得好成绩,我念了两遍。大家记住了吗?现在我给大家出 12 道测试题,每道题目的答案只能在对、错或不确定中选择一个。(见倾听资料二)

讲师行为 1:念倾听资料一时,讲师的语速要放慢,并尽量用标准的普通话。为了让学员听得更清楚,讲师可以念 2～3 遍。

讲师行为 2:念倾听资料二时,讲师要一题一题念,念完一题之后,要给学员 15～20 秒的时间答题,确认学员都跟上答题进度之后再进入下一题。如果学员反馈题目没听清楚或需要讲师复述,讲师可配合学员再多念几遍。

第二步：公布答案＋答案解读

讲师：我的题目念完了，大家感觉怎么样？12 道题的答案大家都写出来了吗？有没有觉得很简单？在公布答案前，我们先简单做一个统计，认为自己 12 道题全部都答对的同学请举手……非常好，这些同学很有自信！谢谢，请放下。认为自己答对 9 道题及以上的同学请举手……好，绝大多数同学都举手了，说明大家都拥有很强的倾听能力。

接下来，我给大家公布答案（见倾听资料三）。好，对了答案之后，请问有多少人全部答对了，有多少人答对了 9 道题以上？好像一个人都没有，成绩最好的也只对了 6 道题，很多学员都只答对了 5 道题甚至更少。

为什么你自己预想的和实际的结果会有那么大的差距？我现在给大家解读一下 12 道题的答案（见倾听资料四），你会发现其实就是几个字的偏差，就会导致不同的结果。所以，倾听可能并不像大家想象中的那样简单。

第三步：讲师总结

讲师：大家也不要气馁，做错这些题本身也代表不了什么，这些题实际上是测试美国听证会代表的，他们需要客观公正地聆听证人的陈述，以求得出相对公正的裁决，所以题目的难度也是挺大的。我们需要做的是，想清楚如何在未来提升自己的倾听能力。

在倾听的过程中，我们很容易犯经验主义错误，当别人还没有讲完时，就凭借经验觉得他人接下来会讲些什么，从而导致大量信息被过滤和丢失；或凭借个人好恶，喜欢听就多听，不喜欢听就直接"封闭"耳朵，切断倾听的通道；抑或在听的时候，思考自己待会儿要说些什么，根本就没有专心听别人讲话，导致沟通如"鸡同鸭讲"。倾听这个环节虽然看起来容易，但是问题却特别多，解决好了，对沟通质量的提升大有益处。所以接下来，我给大家讲讲倾听的 5 个层次，帮助大家找到一些倾听的方法，提高倾听的质量。

•注意事项：

在解读答案时，学员可能会不服气，认为讲师玩的是文字游戏，这时讲师要引导学员关注我们在倾听中常犯且容易忽视的一些错误。例如，大家会不自觉地过滤很多信息，或自以为是地添加很多信息，导致信息的扭曲和误解，这是问题的根源。

•辅助资料：

倾听资料一

一个商人刚关上店里的灯，一名男子来到店堂索要钱款。店主打开收银机，收银机内的东西被倒了出来，而那名男子逃走了。一位警察很快接到了报案电话。

倾听资料二（12 道测试题）

1. 店主将店堂内的灯关掉后，一名男子到达。

2. 抢劫者是一名男子。

3. 来的那名男子没有索要钱款。

4. 打开收银机的那名男子是店主。

5. 店主倒出收银机中的东西后逃离。

6. 故事中提到了收银机，但没有说里面具体有多少钱。

7. 抢劫者向店主索要钱款。

8. 索要钱款的男子倒出收银机中的东西后，急忙离开。

9. 抢劫者打开了收银机。

10. 店堂的灯关掉后，一名男子来了。

11. 抢劫者没有把钱随身带走。

12. 故事涉及 3 个人物：店主、一名索要钱款的男子以及一位警察。

倾听资料三（12道测试题答案）

1. 店主将店堂内的灯关掉后，一名男子到达。（不确定）

2. 抢劫者是一名男子。（不确定）

3. 来的那名男子没有索要钱款。（错）

4. 打开收银机的那名男子是店主。（不确定）

5. 店主倒出收银机中的东西后逃离。（不确定）

6. 故事中提到了收银机，但没有说里面具体有多少钱。（对）

7. 抢劫者向店主索要钱款。（不确定）

8. 索要钱款的男子倒出收银机中的东西后，急忙离开。（不确定）

9. 抢劫者打开了收银机。（错）

10. 店堂的灯关掉后，一名男子来了。（对）

11. 抢劫者没有把钱随身带走。（不确定）

12. 故事涉及 3 个人物：店主、一名索要钱款的男子以及一位警察。（不确定）

倾听资料四（12道测试题答案解读）

1. 店主将店堂内的灯关掉后，一名男子到达。

   不确定。商人可能是店主，也可能不是。

2. 抢劫者是一名男子。

   不确定。"一名男子"不一定是抢劫者，也可能是乞丐。

3. 来的那名男子没有索要钱款。

   错。"到店堂并索要钱款"。

4. 打开收银机的那名男子是店主。

不确定。店主的性别不确定。

5. 店主倒出收银机中的东西后逃离。

不确定。不知是谁倒出来的。

6. 故事中提到了收银机，但没有说里面具体有多少钱。

对。

7. 抢劫者向店主索要钱款。

不确定。可能是"乞丐"索要钱款。

8. 索要钱款的男子倒出收银机中的东西后，急忙离开。

不确定。东西被倒了出来，但不知道是谁倒的。

9. 抢劫者打开了收银机。

错。是店主打开收银机的。

10. 店堂的灯关掉后，一名男子来了。

对。

11. 抢劫者没有把钱随身带走。

不确定。不一定是抢劫。

12. 故事涉及 3 个人物：店主、一名索要钱款的男子以及一位警察。

不确定。也可能是 4 个人：一个商人、一名索要钱款的男子、店主以及警察。

开场活动 7——算术测试题

• **活动概述**：给学员发一套四则运算的算术测试题，让学员在一定时间内做运算。因为运算的规则和常规的加减乘除不一致，再加上有时间限制，一般学员都不会看测试题的运算规则，导致运算结果出错。

• **活动目的**：通过本活动的开展，让大家明白人会在高压下无法做全盘细致分析，或带有主观的经验主义，或因处理问题的时间有限而发挥失常，使绩效与预期差距很大。

- **活动时长**：10 ～ 15 分钟。
- **参与人数**：30 人左右。
- **座位方式**：鱼骨形。
- **游戏道具**：算术测试题。
- **活动原理**：在危机、高压或紧急情况下，人的智商和情商是同步下降的，平时很正常的动作在那一刻却变得非常困难。因此在高压环境下，想要有条不紊地展开工作，不仅需要扎实的心理素质，同时也要掌握一些有效的方法和技巧。
- **活动指引**：

第一步：施加时间压力，做算术测试题

讲师：今天我们用不一样的方式来开场。相信大家上小学的时候都参加过加减乘除快速运算的比赛，讲师为了让大家更好地掌握四则运算的方法，会经常出一些练习题，让大家快速运算，看谁的速度最快，准确率最高。今天我们也来玩这个活动。待会儿我会给大家发一张算术测试题，上面都是简单的四则运算。大家拿到测试题后，背面朝上放在桌上，我喊"预备，开始"，大家再把测试题翻过来，开始答题。答题的时间只有 30 秒，看谁最先完成，并且准确率最高。好，测试题已经发下去了，大家准备好了吗？预备，开始！

讲师行为：讲师一定要营造时间的紧迫感，只有在有压力的情况下，学员才会出错。例如，讲师也可以时不时地做倒计时提醒，增加紧张感。

第二步：对答案，解读规则

讲师：好，大家都做完了，我发现速度最快的同学 20 秒就做完了，真是神速啊！为了判断这位同学到底是不是又快又好，我们请他起立给我们分享一下答案，好吗？第一题答案是多少？是 10 吗？大家确定吗？（半数以上的学员都会说是 10）我怎么觉得应该是 16 呢？第二题的答案是多少？ 18 吗？我觉得是 9……

我们拿的试卷是同一份吗？为什么你们的答案和我的都不一样？请大家再仔细看看你们手上的这份测试题，有没有发现什么问题？对了，是不是发现运算规则和平常的不一样啊？在这份测试题里，加号代表的是乘法，减号代表的是除法，乘号代表的是加法，除号代表的是减法。所以如果你没有仔细看规则，没有按照规则做运算，你的结果可能是全错的。

第三步：学员分享

讲师：不知道大家做了这个活动后有何想法？为什么稀里糊涂就全错了？接下来我们打算让 3 位学员上来分享一下你们的感受。

第四步：讲师总结

讲师：刚刚大家的分享都很精彩，也很务实。有的同学说："哎呀，我是被别人带着跑偏的啊，我看别人一开始就做了，我本来还想着看看运算规则的，但一看大家都动笔了，想着等我看完，大家都做完了，所以我也就没看运算规则，二话不说就做了。"也有的同学说："我平时也不太看操作规则、说明书之类的资料，就是拿到就做，没有去想那么多。"还有的同学就怪讲师："讲师你故弄玄虚，故意把时间搞得很短，给我们压力，弄得紧张兮兮的，我们才会出错。"我想说的是，我们这次活动，并不是所有人都做错了，也有一些同学是做对的。那他们为什么会做对呢？显然是因为他们看了运算规则。

在日常的工作、生活中，不是每时每刻都顺风顺水，让你有充分的时间思考和做准备的。有的时候外部的压力确实很大，时间也非常紧张。这时还能顶住压力，有条不紊地开展工作，技术水平不在高压下扭曲变形，也是我们项目经理需要掌握的一项技能。所以，我们会从两个方面来展开课程内容：一是心理素质的修炼和提升，二是巧妙应对压力的 3 种方法。

• 注意事项：

在测试过程中，应避免出现学员交头接耳的情况，告诉学员现场不能出声音，避免看了运算规则的学员把规则和其他学员分享。

• 辅助资料：

算术测试题

解题规则：以下有 30 道算术测试题，请在 30 秒内对其进行运算，并得出结果。

运算规则：加号代表乘法，减号代表除法，乘号代表加法，除号代表减法。请运用此规则对以下的 30 道题目做运算。

$2 + 8 =$	$12 - 4 =$
$3 \times 6 =$	$6 \div 2 =$
$3 + 5 =$	$8 - 2 =$
$10 \div 2 =$	$3 \times 7 =$
$1 \times 9 =$	$11 + 4 =$
$6 - 3 =$	$12 - 2 =$
$7 \times 2 =$	$4 + 8 =$
$14 \div 7 =$	$5 + 6 =$
$15 + 1 =$	$16 - 2 =$
$18 - 9 =$	$8 \times 6 =$

4 + 11 =	12÷6 =
22÷11 =	3 + 9 =
12 + 3 =	10×3 =
15 — 5 =	2÷1 =
18÷6 =	13×2 =

开场活动 8——造型变变变

· **活动概述**：学员两两组成一组，面对面站立，观察对方的发型、配饰、眼镜、服装等，接着双方均转过身去，在自己的外表上做 3 处改变（如拿掉手表、多穿一件外套、脱下袜子、拿下耳环等），然后转过身，让对面的学员指出你的改变。此活动可根据时间安排 1～3 轮。

· **活动目的**：通过此项活动，让大家了解到创新并不像想象中的那么难，一个小小的改变，可能就会带来一些意想不到的结果。

· **活动时长**：15～20 分钟。

· **参与人数**：20 人以内。

· **座位方式**：鱼骨形。

· **游戏道具**：无。

· **活动原理**：通过身体多感官的参与，学员可以对讲师所讲的主题和内容有更深的认识，更容易认同讲师的观点和见解。

· **活动指引**：

第一步：两两组合，细致观察

讲师：我们在座的很多学员，可能彼此做同事已经有好多年了，但因为大家平时工作忙碌，并没有时间细致地观察这些可爱的小伙伴。今天通过上课，我们给大家一个近距离彼此观察的机会。来，请大家起立，从别的组找到一位小伙伴，组成两人小组，面对面站在教室的任意位置。现在给每位学员 3 分钟认真仔细地观察站在你对面的这位小伙伴，你要看看他今天穿了什么服装，戴了什么配饰，眼镜是什么颜色的，等等。你要把你所观察到的信息记在心里。

第二步：学员做改变，找出不同点（第一轮）

讲师： 我看很多学员一边观察，一边忍不住想笑，对不对？是不是发现你对面这位搭档也是很有魅力的啊？接下来，请大家向后转，和你的搭档背对背站立。这一次，给大家 2 分钟，请每位学员对你的外表和形象做 3 个改变，凡是你现在能做的改变（如摘掉眼镜、把一条腿的裤脚卷起来、把衬衫的扣子解开 1 个等）都可以做，但最多只能做 3 个。好，大家都做得差不多了。请把身体再次转过来，每位同学用 1 分钟快速指出对方做了哪 3 个改变。1，2，3，开始。

第三步：学员做改变，找出不同点（第二轮）

讲师： 我们发现，有的学员很快就指出了对面小伙伴的 3 个改变；有的学员则把对面的小伙伴转来转去，转了半天，也才找到 2 个改变。说明我们这位小伙伴很适合做"间谍"工作，很会伪装自己。不管你有没有找到 3 个改变，都没有关系，也不要气馁，因为第二轮马上就要来了。请大家按照第一轮的做法，再次在 2 分钟内把自己的形象做 3 个改变。改变好之后，再次转过来，在 1 分钟内找出彼此的不同点。（后面的第三轮，规则同 1～2 轮。）

第四步：讲师总结

讲师： 我看到大家刚刚玩得真的很开心，也感谢大家的积极投入。为了把活动做好，大家的牺牲也是挺大的，男学员是"帅哥"开始，"丑男"结束；女学员是"美女"开始，"丑女"结束。大家的表现，我们可以用 4 个字来形容，那就是"出神入化"。特别是最后一轮，大家对活动已经轻车熟路了，随手拿个同事的配件，往自己身上一戴，完全没有违和感，导致对面的小伙伴观察了半天也找不到不同之处。可以说，今天我们的十几位学员拥有这么多服饰和配件，即使我们做 10 轮，造型依旧能不重样，大家同意吗？

结合到工作中来，之所以很多时候大家觉得创新非常难，其实是因为大家把创新和创造混淆了。创造是从无到有的，例如爱迪生发明电灯泡、瓦特发明蒸汽机等，这些是很难的。但创新是指在已有产品的基础上、站在巨人的肩膀上对原有的物品做改变和优化。例如汽车发明之后，这么多年，人们就是在不断地优化和改进，但大体的外观和形状没有根本性的改变。今天的活动，大家所做的就是创新，例如通过减少自己的配饰和服饰，让自己看起来不一样，这不就类似于通过做减法来简化我们的产品，让它看起来不一样吗？有的学员是增加自己的配饰，让自己看起来不一样，这不就类似于通过做加法增加更多的功能和亮点，让产品看起来不一样吗？还有的学员直接把其他小伙伴的配饰和服饰拿过来用，这就好比我们可以在行业内广泛借鉴他人的经验，甚至在全球范围内寻找创新所需的零配件供应商、合作厂商，等等。

总的来说，创新是做出来的，只有去尝试，才有可能产生结果。即使结果是不好的，但至少我们努力了。所以今天给大家介绍一个集大成的创新方法：奥斯本核检清单法。

• 注意事项：

1. 这个活动比较适合在冬天开展，因为冬天人们穿戴的服饰和配件较多，比较容易开展此项活动。

2. 长时间观察别人，可能会让学员有不舒服的感觉，甚至有的学员会反感。所以参与此项活动的学员一般要求比较开放，不拘泥刻板。

• **活动变体**:

1. 让学员观察讲师, 讲师做改变, 让学员来发现讲师的改变。

2. 学员彼此观察完毕之后, 让学员回到座位上, 把所观察到的小伙伴的外表等细节在 A4 纸上写下来, 每位学员写不少于 20 个点。让大家练习关注细节。

✏️ 开场活动 9——问题明方向

• **活动概述**: 讲师给学员念《京沪高铁上发生的故事》的文稿, 让学员在听的过程中做些记录。讲师念完之后, 让学员针对这段话, 设计尽量多的问题, 并上台做分享和引导。

• **活动目的**: 让学员明白提问的重要性, 同样一个素材, 因为问题的变化, 大家思考的角度和方向也会发生变化。

• **活动时长**: 10 分钟。

• **参与人数**: 30 ～ 40 人。

• **座位方式**: 鱼骨形。

• **游戏道具**:《京沪高铁上发生的故事》文稿。

• **活动原理**: 一个好的沟通者一定是一个善于提问的人, 因为一个好的提问可以引发对方的思考, 把对方引导到你想让他去的地方。在沟通中, 如果能把问题设计好, 沟通也就成功了一半。

• **活动指引**:

第一步: 讲师念文稿, 请学员做记录

讲师: 课程一开始, 我想请同学们一起来做一个小活动, 这个活动需要大家彼此协作。待会儿我会给大家念一段话, 大家可以准备笔和纸, 把这段话尽可能地还原和记录下来。因为待会儿我们要用这些内容做后续的工作。好，大家准备好了吗？我开始念了。（讲师把辅助资料《京沪高铁上发生的故事》给大家念一遍，语速可以放慢一些。）

第二步：学员基于听到的内容，设计尽量多的问题

讲师：好，短文我已经念完了，现在请大家以小组为单位，思考一个问题：你觉得当我念完这段短文之后，我最有可能会问什么问题？请大家积极回忆，并查看自己的记录，写出尽可能多的问题，因为你只有尽可能多地写出问题，才有可能得出和我类似的问题。

第三步：学员登台分享所写的问题

讲师：好，大家都写得差不多了。现在我们请每组派代表登台把你们写的问题给大家分享一下。看看有哪几组写出的问题和讲师的问题是类似的。

第四步：讲师总结

讲师：真想不到，大家在短短的几分钟内可以写出这么多问题。现在我来公布答案。我要问的 3 个问题分别是：

1. 这段短文里有几个不合常理的地方？请具体说明。

2. 在不晚点的情况下，G132 几点发车？几点到北京南站？

3. 你认为那位商务人士为什么会把电脑落在火车的行李架上？

根据大家刚刚的分享，对比大家刚刚提出的问题，好像大家都没有提出和我类似的问题。你可能会说："讲师，你这问题问得也太随意了吧，就你这个问法，我们怎么可能和你提出类似的问题呢？"说得也对，所以你有没有提出和我类似的问题并不是重点。通过刚刚的指令，我只是想把大家引导到思考问题的方向上来，同时让大家思考更多的问题。

在平时的工作中，我们也需要经常提问。一般来说，在提问之前，我们首先要收集足够多的信息和资料，只有这样，才能提出高质量的问题。但在现实工作中，资料收集却没那么容易，因为会有很多干扰因素，就像刚刚我在念短文的时候，因为你们只是通过听觉来接收信息，所以会根据自己的判断接收或直接过滤一些信息。所以，对于信息收集来说，找到素材本身就不容易。

找到素材之后，你要设计问题。大家听到的素材短文是同一篇，但大家有没有发现，当你把问题换了之后，学员思考的方向和角度就完全不一样了？这就是提问的力量，它会引导学员按照你的思路去思考。你甚至可以通过连续的几个问题，更强势地引导学员。例如，这篇短文里出现的哪个站点不是 G132 所途经的？又如，这种张冠李戴的错误在你的工作中会出现吗？请解释一下原因。再如，请问你有什么办法避免张冠李戴的错误发生在你的工作中？刚刚我问的 3 个问题，本来是讲高铁的故事，通过问题的引导，马上就变成你要怎样做来避免工作中的失误和错误。

运用同样的素材，匹配不同的问题，可以完全左右听众思考的方向。所以今天我们给大家分享提问引导的技术，大家学习此技术之后，可以活用提问引导的方法，巧妙引导他人的思考方向，而不采取强压灌输的方式。

• 注意事项：

如果有细心的学员发现了短文中的错误，你首先要感谢他，并告诉他这是短文的一部分，他只要倾听，并设计问题即可。

• 活动变体：

如果要节省时间，可以把辅助资料直接发给学员阅读，然后让学员设计问题并登台做分享。

• 辅助资料：

《京沪高铁上发生的故事》

这是一辆由上海开往北京的高铁 G132 次列车，共有 16 节车厢，满员可以坐 1004 人。从上海虹桥站始发的时候，车上的乘客有 648 名。G132 次列车在苏州北经停时，下车 129 名乘客，上车 235 名乘客，列车在苏州北站停靠 2 分钟。在南京南站停靠时，下车 324 名乘客，上车 515 名乘客，列车在南京南站也停靠 2 分钟。就在火车关闭车门之际，有一位已经下车的商务人士又快速地跑了回来，准备冲进火车拿东西，但显然已经来不及了，原来他把笔记本电脑落在了行李架上，真是糟糕的一天！火车继续往北行驶。接着，列车在合肥南站停靠，这一站下车 78 名乘客，上车 239 名乘客。因为列车需要补给物资，所以在合肥南站停靠的时间为 8 分钟。很多吸烟的乘客也趁着这个时间纷纷从车厢下来，到站台点火抽烟。这时一位年轻的妈妈突然从车厢里蹿了出来，在站台上疯狂地奔跑着，并且呼喊着她孩子的名字。原来是她的孩子太调皮，在车厢里跑来跑去还不过瘾，还要趁着火车停靠的时候下车玩耍，这可把年轻的妈妈急坏了！ 8 分钟很快就过去了，火车渐渐提速，马上就到了 400 千米每小时的运行速度。在运行了 3 小时 50 分钟之后，火车顺利抵达了北京南站，大家纷纷收拾行李准备下车，人群渐渐融入北京的夜色中。

✏️ 开场活动 10——数字连连看

• **活动概述**：在 PPT 上呈现一个《数字连连看》的图形（见《数字连连看》图形），让学员用 3 条线把数字 1 和 1 连在一起，把数字 2 和 2 连在一起，把数字 3 和 3 连在一起。看哪一组在不违反规则的情况下最快完成任务。

• **活动目的**：通过活动让学员明白，虽然两点之间的最短距离是直线，但很多时候，选择最便捷的途径不一定能解决问题，迂回辗转有时候可能是解决问题之道。

- **活动时长**：10 ～ 12 分钟。
- **参与人数**：40 人以内。
- **座位方式**：鱼骨形。
- **游戏道具**：《数字连连看》图形和答案。
- **活动原理**：方法比努力更重要，在有限的资源或有限的时间内，不管用直线还是曲线解决问题，把事情做成是最关键的。
- **活动指引**：

第一步：呈现图形，讲解规则

讲师：课程一开始，我们来做一个有趣的小活动。大家看，我利用 PPT 投影了这样一个图形，请大家小组讨论，怎样才能把数字 1 和 1 连在一起，把数字 2 和 2 连在一起，把数字 3 和 3 连在一起？规则是 3 条线彼此不能交叉，3 条线不能超出数字所在方框的范围，3 条线均不能碰到 1、2、3 这 3 个数字所在的小方框，线只能在平面内绘制，不能用立体的方式在 PPT 的上方绘制。好，接下来给大家 5 分钟讨论和绘制。

第二步：讲师公布答案，并做总结

讲师：班里还是有高人的，有的学员不到 3 分钟就把 3 条线连上了，真的很优秀。现在给大家公布答案（见《数字连连看》答案）。大家看，我们用 3 条曲线是不是就解决了问题？

大家刚刚在解题的时候，我在边上走动，看到很多同学都在画直线，苦于找不到出路。在工作中不也是这样吗？如果我们不懂得变通，总想用捷径解决问题，只会撞得头破血流，不仅没有完成任务，还浪费了时间。

虽然很多时候你明白自己走的是曲线，绕路了，但这有可能是解决问题的最佳途径，因为直线根本行不通。所谓曲线迂回，就是先把问题解决了，再找机会优化，这样总比把问题拖着悬而未决要好。

因此，今天我们来学习让自己事半功倍的问题解决之道。

· 注意事项：

如果有的学员很快就按要求把 3 条线连上了，讲师要告知学员不要把方法透露给别的小组成员，以免剥夺他人思考、解决问题的权利。

· 辅助资料：

《数字连连看》图形

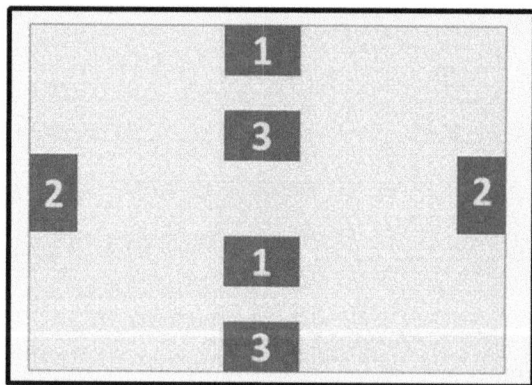

《数字连连看》答案

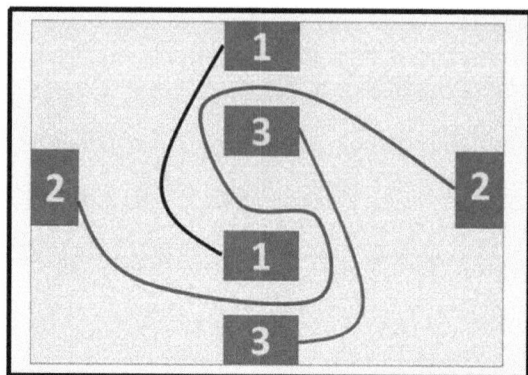

第五章
10 种课程教学活动

用教学活动取代了一般的课程讲授，用活动的方式让学员参与其中，既能活跃氛围，也能学到知识。

教学活动 1——玩转小测试

•**活动概述**：给学员发一套和学习金字塔相关的测试题，让学员以小组为单位进行讨论，把教学方法和对应的学习内容平均留存率填写到金字塔中，再由讲师做相应的点评和讲解。

•**活动目的**：学习金字塔属于知识点的内容，通过学员的参与和解答，让学员理解不同的教学方法对学员大脑的刺激是很不一样的，学员的记忆效果也是不同的。

•**活动时长**：15 ～ 20 分钟。

•**参与人数**：40 人左右。

•**座位方式**：以小组为单位。

•**游戏道具**：《学习金字塔测试题》和《学习金字塔测试题》答案。

•**活动原理**：对于枯燥的知识点，纯粹通过讲师的讲解不一定能让学员认同和接受。通过学员的自我探索，即使会走一些弯路，也能够提升其对内容的理解和记忆程度。

•**活动指引**：

第一步：讲师出测试题，学员答题

讲师：1946 年，美国学者埃德加·戴尔提出了学习金字塔的概念。

这个概念和模型告诉大家，在初次学习两个星期后，不同的学习方法所达到的学习效果是不一样的。运用一些学习方法学习两个星期后，学员只记住了讲师当时所讲内容的 5%，这相当于把讲师所教的内容又都还回去了。而有些学习方法，运用其学习两个星期后，学员学习的知识平均留存率则高达 75%，能达到这样的程度，说明培训是有效的，对企业是有帮助的。

所以接下来，我会给大家发一份资料，这是关于《学习金字塔测试题》的资料，上面有一个金字塔，还有 7 种教学方法，以及对应的 7 个学习的平均留存率数值。请大家在小组内讨论一下，把相应的教学方法和数值写在金字塔的相应层级中。给大家 5 分钟的时间，等大家都写好之后，我们请小组派代表登台做分享，现在开始吧！

讲师行为：有的学员会从金字塔的下方开始书写，有的学员则会从金字塔的上方开始书写。为了确保学员之间的答案是统一的，讲师要建议学员统一从上往下书写。也就是说，学习的平均留存率数值最低的写在最上面。按照数值的大小，从小到大依次往下排。

第二步：学员分小组分享答题结果，讲师公布答案

讲师：大家都做得差不多了，接下来我们以小组为单位，依次分享你们所写的内容，并给出选择的理由。来，我们就从第五组开始吧，大家掌声欢迎第五组的代表分享……

讲师：谢谢大家的分享！可以听得出来，大家的分享还是有些不一样的。这说明大家在做题的时候还是很投入的，每组都有自己独到的看法。

那到底答案是怎样的呢？我来给大家公布结果（讲师在投影仪上呈现《学习金字塔测试题》答案）。是不是有些内容和你想的是一样的？有些方法和数值与你所写的是有差距的？没关系，接下来，我给大家解读一下学习金字塔。

第三步：讲师讲解课程内容

讲师：大家可以看到，在学习金字塔中，学习内容平均留存率最低的就是被动听讲，只有5%。因为被动听讲根本就没有调动学员的主观能动性，也没有激发学员参课的积极性和融入感，效果自然好不到哪里去。这也说明，为什么在企业里，领导对很多政策和制度一直予以强调和解读，但是下属还是会不断犯错误；为什么很多知识点讲师在课上反复强调，但下课后，学员依旧拿着本子过来问你。根据学习内容留存率的不同，我们将教学活动分为以下 7 个层级。

第一级是学员上课开小差，走神了，留存率几乎为 0。

第二级是自我阅读，自我阅读比被动听讲稍微好一些，留存率是 10%。因为在阅读过程中，学员的主观意识增加了。

第三级是视听并用，留存率是 20%。因为视听并用可以通过声音、画面、文字逻辑等多感官刺激，加大留存率。

第四级是演示示范，留存率是 30%。对很多事物来说，简单的语言描述是很苍白的、抽象的，如果讲师能进行示范演示，效果就大不一样了。例如，在一次销售课程中，我想告诉大家一个技巧，即"销售时不需要说得特别多，而要重在聆听，善于提问"。我单纯讲了这个技巧，后大家可能会觉得很生硬，不容易记住。但这时如果做一个演示，我演一位一直给客户滔滔不绝推荐产品的销售，不管客户什么表情，说什么话，我都一直滔滔不绝地讲，那么大家的直观感受是一定不要做这样的销售，而是要做善于聆听、善于提问的销售，这就是演示的好处。

第五级是学员讨论，留存率是 50%。留存率之所以有了显著的提高，是因为学员不仅仅在听讲师分享，而且发挥了自己的智慧，参与到课程中，积极思考，发表自己的意见。

第六级是练习实践，留存率是 75%。我们说知易行难，从知道到做到是非常难的，所以当学员按照讲师的方法进行练习实践的时候，学习效果就有了较大的提升，所谓"实践出真知"。

第七级是教授他人，留存率是 90%。我一直有一个观点，那就是一个人在教别人的过程中，成长是最快的。因为在教别人之前，自己首先要把一知半解的内容研究通透，同时要形成自己的逻辑和话语体系。当一位准备充分的讲师登台开始授课时，他本身就已经对某个领域的学科内容有了较深的见解和认知了。要让学员记住所学的内容，最好的办法就是给他压力，让他和其他学员分享自己的所学，把别人教会。

学习金字塔我们已经分享完了，大家可能发现了一个规律，那就是前面 4 个级别和后面 3 个级别是有本质区别的。前面 4 个级别的知识留存率虽然在提高，但学员普遍处于被动学习的状态，没有积极参与课堂教学。而后面 3 个级别则是主动学习的过程，大家通过动嘴、动手、动脑等多感官刺激来提升学习的平均留存率。所以前面 4 个级别我们称之为被动学习，后面 3 个级别我们称之为主动学习。当我们了解了学习金字塔之后，我们接下来研究一下，如何在我们的教学过程中活用学习金字塔，从而提高我们的培训效果。

• **注意事项：**

在讲师公布答案时，有的学员可能不一定认同讲师的观点，这时讲师可以求同存异，不一定非要让学员认同自己的观点，只需要让大家知道：讲解学习金字塔就是希望大家在课堂上能重视学员个体，用一些教学方法充分调动大家的积极性。这是讲师所要传递给学员的思想。

· 活动变体：

当培训涉及一些知识点的讲解时，如果知识点比较枯燥，信息量较大，那么就可以用这种方式让学员自己讨论，主动找到答案，讲师再做补充讲解。

· 辅助资料：

《学习金字塔测试题》

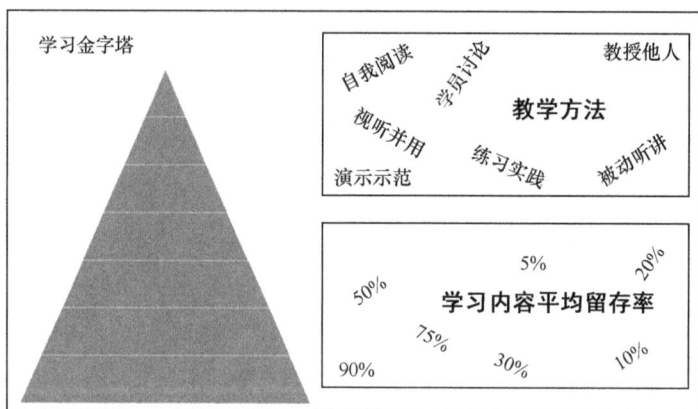

《学习金字塔测试题》答案

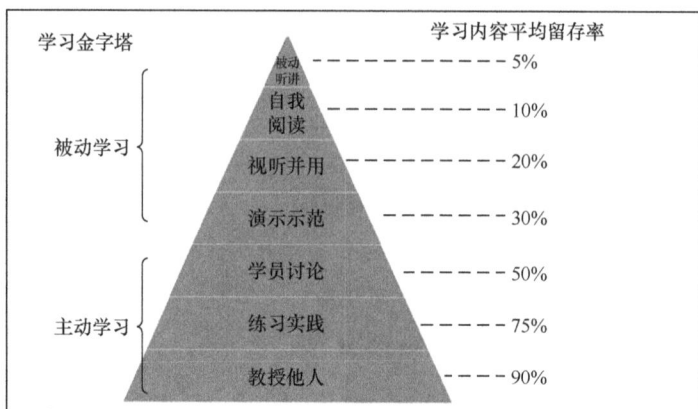

教学活动 2——卡片巧排序

• **活动概述**：给每组学员发一套卡片，让他们对卡片进行排序，得出做某类事情的流程。讲师对学员的作品做点评和讲解。

• **活动目的**：活动的开展可以激发学员参与的积极性，让学员发挥主观能动性找到答案，更好地理解和记忆讲师要教授的流程。

• **活动时长**：10 ～ 15 分钟。

• **参与人数**：30 人左右。

• **座位方式**：以小组为单位。

• **游戏道具**：20 张 9cm×6cm 大小的卡片。

• **活动原理**：把很多原本抽象的流程和步骤写在卡片上，让学员拿着卡片进行讨论和排序，可以还原课程的真实性，帮助学员增强认知。

• **活动指引**：

第一步：讲师分发卡片，学员排序

讲师：今天我们来讲一讲专家经验萃取的相关知识。大家都知道专家是企业不可多得的宝贝，专家有很多经验，他们做事有方法，效率高，并且能快速地解决问题。企业都希望把专家的经验萃取出来，分享给新员工，让他们可以按照一定的方法做事，加快人才培养的速度。

在工作和生活中，也存在着大量的专家。例如，让大家乐此不疲的网络购物使很多"网购达人"应运而生。这些"网购达人"能通过网络买到物美价廉的商品，既节省了时间，也节约了金钱，更享受了美好的生活。而有的人却不太会使用网络购物，花了钱，不仅没买到好的商品，反而还受了气，真是得不偿失。

所以接下来，我们就来做"网购达人"的经验萃取。我会给每组发 20 张卡片，上面是 20 条网购的流程和信息，给每组 5 分钟，请大家按照平时网购的经验，给卡片做流程的排序。

第二步：学员小组之间互相分享答案

讲师：大家都排好顺序了。下面，不同小组之间互相分享答案。每组留一位学员在小组内，其他成员可以分散到任意的小组，由留在小组内的学员负责给来自其他组的学员讲解本组的排序和理由，大家彼此观摩和分享后，再回到本小组。

讲师行为：为了防止学员全部冲到某个小组做观摩，讲师可建议小组成员做好人员分配方案，如 A、B 两位学员去第一小组观摩，C、D 两位学员去第二组观摩，等等。

第三步：讲师给出答案并进行教学

讲师：很多学员觉得网购不是很简单的事情，怎么还需要排序呢？大家做出的流程肯定都是差不多的。结果你会发现，不仅每个小组的排序都不一样，并且在某几步的差异还是挺大的。

我这边也有一个排序（见网络购物流程答案），给大家做一个参考。当然，讲师的排序也不一定对，只是供大家探讨。

首先我们看到，查找商品，选购商品，下单付款，收货并评价，这是 4 个大步骤。这 4 个步骤的顺序大家是没有异议的。查找商品下面分为 3 个小步骤：搜索关键词，浏览商品概要，查看商品详情。有的学员可能把浏览商品概要和查看商品详情混淆了。一般来说是由面到点，先对搜索到的商品做一个概要浏览，锁定两三款中意的商品之后，再进行深入研究，查看其详情，然后再做选购。

当然，大家的答案是对是错不重要，这个活动主要是让大家对经验萃取有一个直观的认识。其实网络购物也可以用经验萃取来予以呈现。

首先，步骤的详细程度。我们这次把网络购物的经验与方法分成两个层级，但是很多时候，分到这种程度也不一定够用，或者说指导性还不够强，例如刚刚说的查看商品详情，到底要查看哪些详情（如品牌、销量、口碑、功能等）？每个详情都有哪些地方需要注意？怎样防止被骗？等等。这样就可以把网络购物的经验和方法分为三级或四级的内容，分得越细，新人就能学得越快。

其次，步骤的合理性和必要性。例如第三个步骤：下单付款。如果没有第五个小步骤"支付货款"，即使你在家里等半年，货也是不会给你寄出的。或者说，如果你没有把第三个小步骤"选择支付方式"放上去，学员就会少一些支付方式的选择，有可能会造成一些损失，甚至会导致交易无法完成。从工作上来说，当流程萃取出来后，要分析哪些流程是很关键的，或者哪些流程可以让工作的思路和方法多一些选择，让大家选择对自己最有利的方式开展工作。

最后，流程步骤是否具有普适性。网络购物的流程是具有通用性的，一般的网络平台都适用，而不是说我学会了之后，在天猫能用，在京东就不能用了。所以在工作中，我们也要注意萃取流程的普适性。看是否能做到尽量少一些流程，但流程之间有共通性，大家可以举一反三，找到一些规律，做到流程的简化、工作效能的提升。

当然，经验萃取也是一项需要团队协作的工作。大家刚刚在讨论中也是因为受到了同学的激发才产生一些想法并最终完成排序。因此，我们一般建议 3～5 位学员一起进行经验的萃取和共创。接下来给大家讲一讲经验萃取的流程和工作思路。

·注意事项：

学员有可能在讨论排序时，把查找商品、选购商品、下单付款、收货并评价这 4 个大步骤和第二级中的小步骤排在了一起。这时，讲师不用急着说出学员的错误，而是在最后的教学总结中提出即可。

·活动变体：

流程类的一些知识点，可以借助这些方式开展教学：可以将流程做成卡片，让学员操练；也可以把流程呈现在 PPT 上，让学员在纸上书写流程；还可以把流程类知识点设计成完形填空或连线题，让学员通过做题巩固。无论什么形式，目的都是让学员自我探索，找到问题的答案。

·辅助资料：

《20张卡片的内容（尺寸9cm×6cm）》

1. 查找商品

2. 搜索关键词

3. 浏览商品概要

4. 查看商品详情

5. 选购商品

6. 选择商品规格

7. 选择商品数量

8. 加入购物车

9. 确认订单信息

10. 下单付款

11. 提交订单

12. 填写收件人信息

13. 选择支付方式

14. 点击结算

15. 支付货款

16. 收货并评价

17. 等待收货

18. 快递送货

19. 验货

20. 给予评价

《网络购物流程答案》

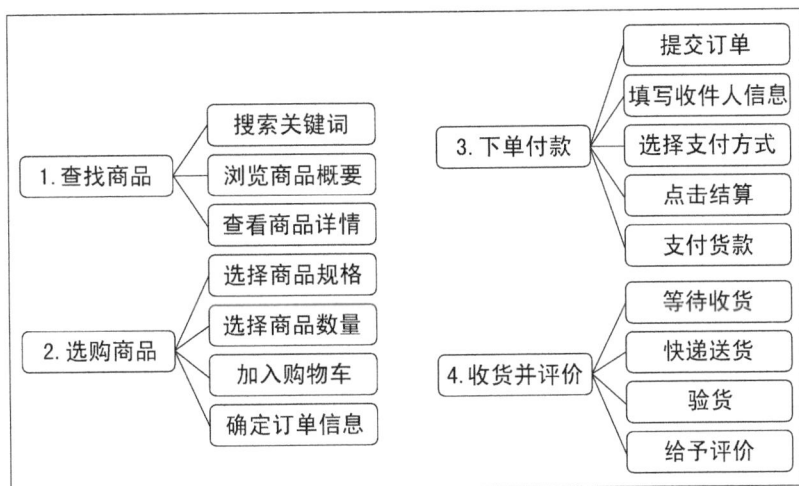

教学活动 3——我说你来画

• **活动概述**：第一轮，请一位学员到台上，用语言描绘一幅由几何图形拼凑的画，让台下的学员根据他的描述作画，当学员听不懂时不能问台上的学员；第二轮，换一位同学到台上，还是用语言描绘一幅由几何图形拼凑的画，让台下的学员画出来。不一样的是，这次当学员听不懂时，可以询问台上的学员，台上的学员可以帮忙解答。看看两轮下来，哪一轮绘画的正确率高，并让学员思考为什么。

• **活动目的**：让学员明白，在课程教授中，讲师和学员的双向互动非常重要，只有充分激发学员的积极性，才能增强培训的效果。

• **活动时长**：20 ~ 25 分钟。

• **参与人数**：20 人左右。

• **座位方式**：以小组为单位。

• **游戏道具**：两幅几何图形。

• **活动原理**：别人说的不一定是自己认同的，但自己亲身参与之后，所获得的认识和启发是很强烈的；同时，周围学员的言语和举动，也会给自己带来一些新的感悟和认知。

• **活动指引**：

第一步：第一轮绘画，同学登台做阐述

讲师：大家都是企业的内训师，我们都知道学习的过程不仅是讲师讲、学员听这么简单，而是应该激发学员的听课积极性，学员的参与度越高，课程效果就会越好。

我们来做一个小活动，邀请一位志愿者上来配合我做接下来的活动，谁愿意上来？好，我们掌声欢迎这位学员。接下来，我会给这位学员看一幅由几何图形构成的图画（见几何图形1），他会用口头语给大家描绘这幅图，大家要根据他的描述把几何图形画在本子上，我们看最后有多少人能画对。前提是你们只能听他说，不能问他；他也不能问你们，同时你们也不能用手比划。时间3分钟，计时开始。

……

讲师：好，时间到，我们来看一下这幅图是什么样的（见几何图形1）。有多少学员画对了？请画对的学员举起你的右手（一般情况下，画对的学员是比较少的，大多数情况是画对的学员的数量仅为个位数）。

第二步：第二轮绘画，同学登台做阐述

讲师：第一轮绘画结束之后，大家也不要气馁。下面，我们进行第二轮绘画。我们再邀请一位学员上来，有谁觉得自己的沟通水平是比较好的？好，我们有请这位学员。接下来，我还是会给这位学员一幅由几何图形构成的图画（见几何图形2），他还是要描述给大家听，大家要据此把几何图形画出来。这次和上次有一个小小的不同，就是当你们有疑惑时，可以询问台上的学员，台上的学员会给你们解答。好，大家请准备好空白的纸张，我们马上就开始了。

……

讲师：经过大家的努力，我们第二轮的作品也画好了。给大家看看这幅图画（见几何图形2），这一轮有多少学员画对了？（一般来说，第二轮画对的学员人数比第一轮多，同时班上画对的人数的占比相对也会提高。）

第三步：讲师结合教学内容做阐述

讲师：两轮活动做完了，为什么第二轮的正确率会比第一轮高，而且看起来还高出不少？这是因为第二轮上台描述的同学比第一轮上台描述的同学沟通能力强吗？应该不是的。这个活动以及刚刚大家所展现的行为充分体现了课程教学中的一些重要元素，下面我给大家一一解读。

第一，**表达能力很重要**。在第一轮绘画中，台上的学员只能自己描述，有时还找不到合适的词语来形容，不能准确表述图形间的相互关系。例如，圆和正方形的边相切，相切是一个专业名词，如果台上的学员表达不精准，台下的学员就会听得云里雾里，结果肯定会出差错。而且，如果听不懂还不能问，就会导致一错再错。所以，第一轮绘画对台上学员的表达能力的要求特别高。

第二，**沟通技巧很重要**。刚刚两位学员的表达好像都不怎么完整。其实表达应该是一个总分总的结构。上来描述几何图形，先要告诉大家这个几何图形是从左到右画的还是从上到下画的，总共有几个图形，先给大家一个整体的概念，这是开头的"总"。接下来一步一步地讲给大家听，这个是"分"。最后要总结回顾一下，带领大家把几个几何图形再梳理一遍，这就是最后的"总"。按照这样的思路进行，不仅结构完整，而且能提高画图的准确率。

第三，**双向沟通很重要**。第二位学员的表达能力并不一定比第一位好。之所以第二轮的正确率高，是因为第二轮采用了双向讲解的方式，就是台下的学员不懂可以问台上的学员。这种方式不是台上学员的单向输出，可以最大化地激发沟通的活力。例如，几何图形 2 中的第四个和第五个步骤很多人都表述不清楚，但刚刚有位台下的学员问，第四个和第五个步骤组合起来是不是一个向右的箭头？我们注意到当时台上的学员一拍大腿，忙说"对对对！你怎么这么聪明！就是一个向右的箭头"。大家可以发现，这个答案是受到台下提问的学员的启发后得出的，而且大家听到这个答案之后，本来画错的还能改成对的。这启发我们在平时的讲课过程中，想不到答案没关系，只要激发学员，学员就会给出很多我们意想不到的答案，毕竟这么多的大脑一起思考，肯定比一个人思考强多了。

第四，反馈很重要。对台下学员的提问，台上学员如果给予鼓励，就会营造双向互动的热烈氛围。氛围营造好了，台下学员才敢于开口。例如第三点中，学员说第四个和第五个步骤的组合是一个向右的箭头，如果台上的学员说："你懂啥呢？不要随便误导大家好不好？想清楚了再说。"你觉得在这种情况下，台下还会有学员积极提问吗？恐怕有点难了。

第五，沟通的节奏很重要。刚刚的这位学员就做得挺好。在讲到关键步骤时，这位学员会把语速放慢，同时也会多讲几遍要点，方便大家理解；这位学员会经常确认其他学员有没有听懂，有没有跟上他的思路。这些都是我们在课程教学时要提倡和坚持的。

所以，希望大家把双向互动作为授课的基本工作来做，双向互动的工作做得好，讲师上课不仅轻松，而且还能提升效果，何乐而不为呢？

• 注意事项：

在有些情况下，第一轮画对的学员会比第二轮多。这时，讲师首先要告诉学员单向沟通对讲师的要求非常高，说明这位学员的沟通能力真的非常强，可以把复杂的事物说得通俗易懂、清晰明了。这么厉害的学员，如果能再学会运用双向互动技巧的话，那将是如虎添翼。

• 辅助资料：

几何图形1

几何图形2

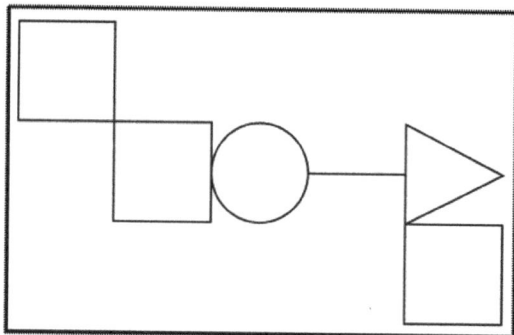

教学活动 4——鼓掌学问多

• **活动概述**：第一轮，学员自由设定鼓掌次数的目标，通过 10 秒的鼓掌时间，对比两次的不同，带出管理学的原理；第二轮，讲师给予学员激励和奖惩措施，通过 10 秒的鼓掌时间，对比前一次鼓掌的次数，带出管理学的原理；第三轮，讲师让学员进行头脑风暴，思考有哪些方法可以提升鼓掌的效率，通过 10 秒的鼓掌时间，对比前一次鼓掌的次数，带出管理学的原理。

• **活动目的**：通过 3 轮鼓掌游戏，让学员了解目标和绩效管理的重要性，以及领导者在团队中的所处位置及功能的定位。

• **活动时长**：30 ～ 40 分钟。

• **参与人数**：30 ～ 40 人。

• **座位方式**：以小组为单位。

• **游戏道具**：鼓掌游戏计数表。

• **活动原理**：耳听为虚，学员通过亲身参与，能对目标和绩效管理有更直观的认识，同时也能对照自己，纠正不准确的管理角色认知。

• **活动指引**：

第一步：介绍游戏规则，第一次鼓掌，讲师做解读

讲师：接下来请大家做个小游戏，这个游戏很重要，因为它浓缩了很多绩效管理的内涵。希望大家像孩子一样参与这个游戏，像老板一样思考这个游戏背后代表的含义。

假设我们今天在座的各位在同一家企业工作，我是你们的老板，你们是我的下属，你们需要努力工作提升绩效。你们的工作非常简单，就是鼓掌。既然是工作，就需要衡量，所以我们给鼓掌设定一些指标，方便考核。给大家一个非常简单的方法来确定一项工作的指标，那就是 4 个字：多快好省。多，就是鼓掌的次数要多；快，就是鼓掌的频率要高、节奏要快；好，就是鼓掌要响亮，要清脆，分贝越大越好；省，这个指标没有。因为今天咱们是做游戏，所以把指标简化一下：合并一下"多"和"快"两个指标，概括为次数；关于"好"这个指标，因为我们今天没有分贝仪，没法测量掌声的响亮程度，也就不考核了。因此这次鼓掌游戏，我们只测试一个指标，那就是次数。也就是说，在规定的时间内，谁拍的次数越多，谁的绩效就越好。再来定义一下，什么叫鼓掌。因为没有分贝仪，所以我们对于鼓掌的音量没有要求，原则上只要两只手相碰，我们就算一次鼓掌，没有声音也没关系。

请大家在本子上画一个表格（见鼓掌游戏计数表）。刚刚说了我是你们的领导，你们是我的下属，我的工作就是要让部门绩效最大化，也就是你们鼓掌的次数加起来越多越好。我给大家的鼓掌时间是 10 秒，请大家在表格第一轮的次数中写上你认为自己在 10 秒内可以鼓掌几次。刚刚我走了一圈，大家的数字都很小，7 次，8 次，次数多的学员也就写了 15 次，可见我们全班的数字加起来也没多少。作为领导，我很生气，你们怎么回事？这么多人加起来的数字怎么这么难看？你们到底还想不想干了？怎么这么没有自信？看来不逼你们一下是不行了，今天各位一定要完成 10 秒鼓掌 50 次的任务，不要给我找理由。

现在大家把手伸出来，等会儿我喊"1，2，3"你们就开始，你们自己数数，记得目标是奔着 50 次去的。做好准备，1，2，3，开始……时间到，停！请大家把鼓掌的次数写在"第二轮次数"的位置，是多少次就写多少次，不要弄虚作假。我们来做个调查，有多少同学超过了 50 次？好，80% 以上的同学都超过了 50 次，如果算平均数的话，我们班已经超过 50 了。有的同学从 7 次变成了 56 次，有的从 9 次变成了 62 次，这说明了什么？请大家思考一下，并把原因写在"第二轮原因分析"的位置……好，我们请两位学员站起来，给大家分享一下。

……

讲师：大家分享得都非常好，其实在这个简单的游戏中，蕴藏着很多管理学的原理。

一是目标永远不要让下属说了算。大家在定目标的时候，可以听下属的声音和意见，但不能照单全收，因为人都会下意识地保护自己，给自己设一个相对安全的数值，同时会告诉你千万个理由，让你觉得这个目标是合理的。

二是惯性思维。管理最怕有惯性思维，很多时候惯性思维会局限自己。例如，一位成年人身高 170cm，举手之后从指尖到脚的高度是 200cm。如果他的工作是摸高，你认为给他设定多高的目标是合理的？ 210cm？50cm？300cm？270cm？有没有学员设定的是 500cm 的高度？你是不是认为设定这个目标高度是不可能实现的？让乔丹来跳也跳不到这么高啊。这可能就是惯性思维了，我们刚刚说摸高，但没有说只是让学员自己蹦起来摸高，如果设定了 500cm 的高度，可不可以借助工具？梯子、高跷、人墙，是不是都可以？所以要想让目标实现跨越式增长，就要打破惯性思维，想办法提升管理能力，提升大家运用和驾驭工具的能力。

三是要有目标压力。人无压力轻飘飘。压力会产生动力，就像皮球一样，你把它压到水面以下，它会反弹上来，所以要让员工感受到目标压力。

第二步：第二次鼓掌，讲师做解读

讲师：接着我们进行第二次的鼓掌活动。看到大家的成绩，我还是不太满意，我觉得大家完全可以在 10 秒内鼓掌 80 下。例如，王学员刚刚鼓掌 52 次，我观察了他一会儿，但我觉得他鼓掌的幅度还可以再小一点儿，幅度太大会占用时间，同时注意力可以再专注一些，两只眼睛要盯着手，坐得离桌子再近一点儿。刚刚吴学员鼓掌 71 次，做得这么好，肯定也是有原因的，我们请他分享一下，好不好？……我们感谢吴学员的分享，所以他真的是有诀窍的。

第二次鼓掌，我们的目标是 80 次，请大家想尽各种办法，用尽你的所有力量。为了让你们做得更好，我设立一个奖惩措施，鼓掌次数排在第一名的学员积 3 分，第二名的积 2 分，排在倒数第一名的学员扣 2 分，倒数第二名的扣 1 分。希望大家保持诚信。来，活动一下手指，我们要开始了。1, 2, 3, 开始……

讲师：好，时间到，请大家把这次的鼓掌次数写在表格中"第三轮次数"的位置，看看和第一次相比是增加了还是减少了，并把你的原因分析写在后面。有多少学员是超过 80 次的？举手看看。几乎都超过了，甚至很多学员都超过了 100 次。

第二次比第一次高出了这么多，请问是什么原因？一方面是因为我对各位进行了简单的辅导，鼓励后进的学员，给予很多正面的暗示，积极支持先进的学员，也让优秀学员分享了一些成功经验；另一方面是因为我引入了激励措施。这些都是绩效管理中非常重要的元素。

第三步：第三次鼓掌，讲师做解读

讲师：最后一次鼓掌，我们还需要把整体绩效提高，因为有的学员可以在 10 秒内鼓掌 120 次，有的学员却只能鼓掌 70 次，这说明其中依然存在方式方法的差异。接下来，请大家进行头脑风暴，并告诉我有什么方法可以让每个人的鼓掌次数都超过 100 次。

……

讲师：好，大家说得都非常好。我们来总结一下。第一个方法是一只手动，另外一只手不动；第二个方法是数数的技巧，可以用十进制的方式来数数，因为你数得越快，拍得就越快；第三个方法是减小幅度，可以把手腕挨在一起，只拍手指头；第四个方法是拍的力量可以小一点儿，因为不追求掌声的响亮程度；第五个方法是集中精神，去除杂念，有赢的信心。

我们学习了几种方法，这一次我们要朝着 120 次的目标前进。大家有没有信心？这次的激励措施和第二次鼓掌是一样的。做好准备，1, 2, 3, 开始……

讲师：好，时间到，请大家将第三次的鼓掌次数写在"第四轮次数"的位置，并且对比之前的次数，同时写下次数增加或减少的原因。请大家在 4 个数字中找到一个最大的数字和一个最小的数字。有的同学可能第一轮写的是 7 次，最后一轮写的是 125 次，在短短的十几分钟里，绩效提升了约 17 倍，这就是绩效管理的价值所在。但是我问大家，从头到尾我有没有自己做？答案是没有。因为我们说，一个部门的绩效是大家加起来的总和，对不对？我不用自己做，我只需要激励大家，这时我就是一个教练、领导者、激励者、检查者、辅导者，我让大家对现状和目标不满，产生赢的动力和欲望，这样我们的绩效就会不断增加，就能打赢竞争对手，这就是绩效管理的精髓所在。

• 注意事项：

在第一轮写数字的时候，讲师要引导学员尽量往小的数字去写，这样有利于讲师后续的引导工作。

• 辅助资料：　　　　　　　　《鼓掌游戏计数表》

鼓掌游戏计数表

轮次	次数	原因分析
第一轮		
第二轮		
第三轮		
第四轮		

✎ **教学活动 5——说出你要的**

• **活动概述**：两组学员为了达成共同目标，互相表达对彼此的需求，分别表述自己可以满足对方的什么需求。通常这两组人是同一组织内部的两个职能部门，两组人的分歧可能是由于人文环境、社会认知或组织差异所造成的。

• **活动目的**：此项活动让两个有分歧的部门了解彼此的困难点，了解对方不给予支持和协助的原因，并协商如何更好地处理这件事情，以达成公司目标。这个活动可以增加员工的同理心，培养团队的凝聚力。

• **活动时长**：90 ～ 120 分钟。

• **参与人数**：10 ～ 15 人（两个部门的员工）。

• **座位方式**：以小组为单位。

• **游戏道具**：白纸，白板笔（黑、红、蓝）。

• **活动原理**：很多时候，大家容易站在自己的角度和立场思考和解决问题，这就是冲突的来源。说出你要的，可以让大家换一个角度看问题，通过沟通和协作提升共同目标的达成率。

• **活动指引**：

第一步：罗列共同目标，头脑风暴列需求

讲师：今年是我们公司成立 20 周年，也是我们以客户为导向转型的第一年。所以上至董事长，下至部门经理，大家对年度的客户答谢会都非常重视。希望这次客户答谢会能办出特色，为明年的订货量奠定坚实的基础。在座的市场部同事是我们这次活动的承办方，你们需要费神费力把这次活动办好，确实不容易。而在座的财务部则要对预算严格把关，既要办出精彩，又不能铺张浪费。大家的出发点都是好的，都是为公司着想。

接下来，我给两个部门各发一张白纸，请大家在纸上写下我们这次办活动的目标。给大家 10 分钟讨论和书写。

讲师：好，大家已经写好了。财务部写的是在有限的预算内把活动办好，尽量节省开支。市场部的目标是把活动办成同行里最棒的，让客户津津乐道。我们先把两个部门书写的目标贴在墙上，这两个目标就是我们这次活动的共同目标，即活动一定要办好，同时也要控制支出。接下来，我们就要想办法去实现这个共同目标。

现在，我再给每组发一张白纸，请大家讨论，基于你写的目标，你需要让对方满足你的什么需求。写出来之后，请按照优先顺序排列，需求最迫切的排在前面。我们看看市场部写的：财务部提供 300 万元活动经费，涉及这次活动的一切经费报销，财务部都要开绿灯……我们再来看看财务部写的：把活动的费用控制在 50 万元以内，对每笔开支有较精确的预算明细……

异议处理：在本次活动中，两个部门的分歧源于市场部想多花钱，想一切都用最好的，把活动办好；财务部则担心公司的资金链断裂。所以财务部无法给市场部提供足够多的经费，"卡"着市场部。

第二步：解释需求，澄清需求

讲师：大家都写好了，市场部写了 4 点，财务部写了 5 点。现在请大家坐在一起，请两个部门的同事分别向对方解释你写这些需求的原因是什么，以及对达成共同目标有何帮助。我们先请财务部对市场部的同事做解释，再由市场部对财务部的同事做解释。

等两个部门都解释完后，再给大家 5 分钟对需要澄清或更改的需求做相应的修改和完善。

第三步：小组讨论，需求回应

讲师：请大家把修改和完善的需求信息再次与对方交换。也就是说，市场部拿到的是财务部的需求信息，财务部拿到的是市场部的需求信息。现在请两组学员做头脑风暴，对对方提出的需求做出回应。按照支持程度的不同，分为 A（无条件支持）、B（有限时间、数量和质量的支持）、C（有条件的支持）、D（拒绝支持）4 类（见需求给予程度举例）。

第四步：澄清回应，达成共识

讲师：大家的需求回应都给得差不多了。现在请大家以部门为单位，向对方部门解释你给出需求回应程度的理由并做澄清，以确保对共同目标达成的影响是最小的；或者大家基于目标和对方的需求回应程度，找到一些变通的方法，以求尽快达成共识。例如，市场部写的一个需求是请当红歌手来现场唱两首歌，花费就要 100 万元。财务部觉得费用很高，就选择了 D，拒绝支持。这时，大家就要讨论怎样变通找到新的方法，例如大家发现来的客户大部分都是"70 后"，对当红歌手的认知度很低，即使花了钱，客户也不一定买账，后来大家协商，把这个节目换成请当地的艺术团表演一个七八十年代的经典歌曲串烧，这样既能引发听众共鸣，又能降低费用，可谓两全其美。

·注意事项：

1. 这个活动对讲师的主持功底有很高的要求，讲师需要具备团队引导的能力，同时要确保中立，不偏袒任何一方。在发生分歧时，讲师要做到不慌乱，能让大家始终围绕目标讨论和分享。

2.给每个部门相对充分的时间说出部门的困难，以及不能满足对方需求的原因，并解释需求对自己部门的重要性。只有把自己的心声都说出来，才能有效地解决问题，减少双方的分歧和冲突。

• 辅助资料：

需求给予程度举例

需求：请给我们300万元活动经费	
需求给予程度	需求给予举例
A.无条件支持	好的，可以给市场部300万元活动经费
B.有限时间、数量和质量的支持	只能给市场部 50万元活动经费
C.有条件的支持	如果我们能帮忙拿回大客户的欠款，就可以给市场部300万元活动经费
D.拒绝支持	抱歉，没有那么多经费可支出

教学活动 6——抽牌学表达

• **活动概述**：一副牌有 54 张牌，在牌上写上名词、动词和形容词，请每位学员抽 4 张牌，用上面的 4 个词语组成一个故事，讲给别人听。他人听完故事之后，再用自己的 4 张牌讲故事，并且要衔接上一位学员的故事，小组轮流讲，直到每位学员都讲完为止。

• **活动目的**：通过此活动，提升大家的表达能力以及随机应变能力。

• **活动时长**：10 ～ 20 分钟。

• **参与人数**：30 ～ 40 人。

• **座位方式**：以小组为单位。

• **游戏道具**：若干副牌（有几组学员就准备几副牌，牌上要提前写好词语，一般是名词写34 张，形容词和动词各写 10 张）（见扑克牌词汇列表）。

·**活动原理**：随机的、重复的练习，会对大脑的神经元形成刺激，加速神经突触的链接，提升表达能力。同时，此种练习方式可以有效地刺激人的左右大脑，让学员在表达中注重声情并茂。

·**活动指引**：

第一步：公布活动规则

讲师：今天，我们的演讲课程里有一个非常重要的学习内容，那就是增强各位的口头表达能力。大家都知道口头表达是一项技术活，需要不断地练习，光听讲师讲是学不会的，和学开车、游泳、打球一样，需要实际操作。所以，今天我们来做一个提升表达能力的小活动。

在每组的桌子中间都有一副完整的牌，里面有 54 张牌，牌上写了一些名词、动词和形容词。待会儿大家轮流用这些牌上的词语讲故事，具体规则是第一位讲故事的学员，在这副牌中随机抽取 4 张，用 30 秒为 4 张牌排一个顺序，排好顺序之后，就用 4 张牌上的词语讲一个生动的故事。第一位学员讲完之后，第二位学员也随机抽取 4 张牌，给 4 张牌排一个顺序，用 4 张牌上的词语再讲一个故事，并且他讲的故事要衔接上一位学员所讲的故事内容。第三位、第四位学员也按照这种规则串讲故事。

举个例子，例如我抽到了疲劳、黄色、疑惑、轮船这 4 张牌。我把它们排成"疲劳、轮船、黄色、疑惑"这样的顺序，然后就开始讲故事了。有一天，我加完班都已经深夜了，整个人非常疲劳，拖着疲惫的身躯走在路上，突然，在马路正中央，出现了一艘大船。我心想，有没有搞错啊？船不是都在水里的吗？怎么路上也能行船？我揉揉眼睛，确认自己是不是看错。没错啊，确实是一艘船，更让人惊讶的是，这艘船是黄色的，鲜亮的黄色，在灯光的照耀下格外耀眼。难道是外星人入侵了？或者是"小黄人"的船？这真是太奇怪了，带着满脑子的疑惑，我站在路边呆呆地望着这艘船。

这就是我用这 4 张牌讲的故事，下一位学员就要接着我的故事往下讲，每位学员讲的故事需要超过 15 句话，不能太短，这样才能起到练习的效果。

第二步：学员依次抽牌讲故事

讲师：请组长安排好小组内学员讲故事的顺序，请每组的第一位学员随机抽取 4 张牌，并把抽好的 4 张牌按照自己所讲故事的顺序排好，排好之后，我们马上开始。

……

感谢第一位学员，接下来，请第二位学员随机抽取 4 张牌，并按照自己所讲故事的顺序把牌排列好，开始讲故事……

讲师行为：不要让小组的每位学员同时抽牌，以免大家提前准备内容。一定要等前一位学员讲完了，下一位学员再抽牌。

第三步：学员分享

讲师：大家还是挺会编故事的，并且涉及古代、现代、科幻等多种题材。接下来，我们请每组派一位学员登台，给大家分享一下自己的感悟。

……

讲师：大家分享得非常好，确实像大家说的，一开始感觉还是挺难的，但是如果多说几次，可能就会越说越好。紧接着，我们再来做一个小练习。

•注意事项：

此活动对学员来说还是有一定难度的，相当于即兴讲话。如果感觉班上

137

的学员基础不是很好，可以降低难度，只抽 2 张牌，用 2 张牌上的词语造一个句子，不一定让学员都讲故事。让学员先参与进来，再一步一步地增加难度。

·活动变体：

如果时间允许，可以把活动分为 4 轮，难度由低到高，不断增加。第一轮，每位学员抽取 1 张牌，用上面的词语编写一个完整的句子，下一位同学也抽 1 张牌，编写的句子要衔接前一位学员的句子，小组内循环练习一遍。第二轮，每位学员抽取两张牌，用上面的词语编写一个完整的句子，下一位学员也抽两张牌，编写的句子要衔接前一位学员的句子，小组内循环练习一遍。第三轮，抽取 3 张牌，用 3 张牌讲一个故事，规则和前一轮一样。第四轮，抽取 4 张牌，用 4 张牌讲一个故事，规则和前一轮一样。

·辅助资料：

《扑克牌词汇列表》

学习用品	钢笔、铅笔、铅笔盒、尺子、书包、漫画书、明信片、报纸、书包、橡皮、蜡笔、卷笔刀、故事书、笔记本、语文书、英语书、数学书、圆规、词典
人体	脚、头、脸、头发、鼻子、嘴、眼睛、耳朵、手臂、手、手指、腿
颜色	红、蓝、黄、绿、白、黑、粉红、紫、橙、棕
动物	猫、狗、猪、鸭、兔、马、大象、蚂蚁、鱼、鸟、鹰、海狸、蛇、老鼠、松鼠、袋鼠、猴、熊猫、熊、狮子、老虎、狐狸、斑马、鹿、长颈鹿、鹅、母鸡、火鸡、小羊、绵羊、山羊、奶牛、驴、鱿鱼、龙虾、鲨鱼、海豹、抹香鲸、虎鲸
人物	朋友、男孩、女孩、母亲、父亲、姐妹、兄弟、叔叔、舅舅、男人、女人、祖母、祖父、姑姑、堂兄弟、堂姐妹、儿子、女儿、婴儿、同学、女王、参观者、邻居、校长、小学生、笔友、旅行者
职业	教师、学生、医生、护士、司机、农民、歌唱家、作家、男演员、女演员、画家、电视台记者、工程师、会计、警察、清洁工、售货员、棒球运动员
食品、饮料	米饭、面包、牛奶、水、鸡蛋、豆腐、蛋糕、热狗、汉堡包、炸薯条、曲奇、饼干、果酱、面条、鸡肉、牛肉、蔬菜、沙拉、汤、冰激凌、可乐、果汁、茶、咖啡

（续表）

水果、蔬菜	苹果、香蕉、梨、橙子、西瓜、葡萄、茄子、青豆、西红柿、土豆、桃子、草莓、黄瓜、洋葱、胡萝卜
衣服	夹克衫、衬衫、T恤衫、短裙子、连衣裙、牛仔裤、长裤、袜子、鞋子、毛衣、上衣、雨衣、短裤、网球鞋、拖鞋、凉鞋、靴子、帽子、太阳镜、领带、围巾、手套
交通工具	自行车、公共汽车、火车、邮轮、快艇、轿车、出租车、吉普车、面包车、飞机、摩托车、地铁
其他	窗户、门、课桌、椅子、床、计算机、写字板、风扇、灯、讲台、图画、照片、墙壁、地板、窗帘、垃圾箱、壁橱、镜子、床头柜、足球、礼物、随身听、台灯、电话、沙发、书架、冰箱、电视、空调、钥匙、锁、照片、图表、盘子、刀、叉、勺子、筷子、锅、玩具、洋娃娃、篮球、气球、风筝、拼图游戏、盒子、伞、拉链、小提琴、溜溜球、鸟窝、牙刷、菜单、电子邮件、钱、药
地点	家、房间、卧室、卫生室、起居室、厨房、教室、学校、公园、图书馆、动物园、邮局、警察局、医院、电影院、书店、牧场、书房、操场、食堂、体育馆、音乐教室、公寓、公司、工厂、水果摊、宠物商店、科学博物馆、长城、超市、银行、乡村、城市、公交车站
季节、日期	星期一、星期二、星期三、星期四、星期五、星期六、星期日、一月、二月、三月、四月、五月、六月、七月、八月、九月、十月、十一月、十二月、春、夏、秋、冬
大自然	河流、湖泊、小溪、森林、桥、雨、云、太阳、山、天空、彩虹、龙卷风、雷电、月亮、花、草、树、种子、玫瑰、叶子、梅花、含羞草
国家、城市	中国、上海、北京、成都、苏州、杭州、美国、纽约、休斯敦、芝加哥、英国、法国、巴黎、加拿大、温哥华、澳大利亚、悉尼、伦敦、墨西哥、莫斯科、开罗、俄罗斯
方位	东、南、西、北、左边、右边、上边、下边、里、外
形容词	大、小、长、短、高、矮、年轻、陈旧、年老、健壮、瘦、积极活跃、安静、好看、和蔼可亲、严格、聪明、滑稽可笑、美味、甜、咸、酸、新鲜、干净、疲劳、兴奋、生气、高兴、无聊、忧愁、强壮、可爱、胖、漂亮、便宜、昂贵、嫩、健康、骄傲、容易
动词	玩、踢、游泳、滑冰、飞、跳、走、跑、爬、吃、打架、睡觉、转弯、买、居住、教学、学习、跳舞、唱歌、做作业、看电视、干家务、读书、做饭、浇花、扫地、铺床、洗衣服、晨练、做广播操、吃早饭、堆雪人、放风筝、种树、接电话、听音乐、写信、做实验、照相、写报告、下棋、骑自行车、拉小提琴、集邮、喝水、驾驶、倒垃圾、看电影、画画、旅行

📝 教学活动 7——激励有奇招

• **活动概述**：给每位学员发一张《个人关注事项表》，让学员选择自己最关注的几个事项。选好之后，让学员在班级内找一位学员，形成两人搭档，交换彼此的《个人关注事项表》。同时，讲师再给每位学员发一张《激励百宝箱》，里面有 100 种激励员工的方法，两位搭档根据对方写的《个人关注事项表》，从《激励百宝箱》中挑选出 10 种他认为最能激励对方的方法并相互做分享，阐述理由。

• **活动目的**：此项活动可以提高学员对他人的敏感度，了解别人的兴趣点和关注点，做到投其所好，进而提升管理效能。

• **活动时长**：20 ~ 30 分钟。

• **参与人数**：30 ~ 40 人。

• **座位方式**：以小组为单位。

• **游戏道具**：《个人关注事项表》《激励百宝箱》。

• **活动原理**：每个人都有自己的关注点和喜好，管理者需要认识到下属的差异性，只有找到对方当下认为的最重要的事，再去做相应的激励，才能取得更好的成效。

• **活动指引**：

第一步：每位学员做量表测评

讲师：接下来我们讲一讲管理者都很关注的一个话题，那就是激励。大家都觉得现在的员工很难管理，特别是"90 后"，因为他们太有想法了。我给大家发一个《个人关注事项表》，请大家按照表上的要求打分，并选择几个选项打"√"。

第二步：学员找搭档，互换量表，寻找激励方法

讲师：大家做好了吗？勾选了吗？请大家拿着自己的《个人关注事项表》，在班级内任意找一位学员，形成两人小组。找到之后，请交换你们的《个人关注事项表》。每位学员花 3 分钟认真看一下对方写的内容，看看哪些事项是其特别关注的，哪些是其暂时不关注的。看完之后，我再给大家发一份《激励百宝箱》，这份资料里有 100 种激励员工的小方法，请每位学员结合你面前的这张《个人关注事项表》，以及对方的关注点和喜好，在《激励百宝箱》中选择 10 种你认为对对方最有效的激励方法。

> **异议处理**：学员可能会问能不能多选一些，讲师可以建议学员只选 10 种，告知学员方法不在于多，而是要找到对方真正在乎的要点。
>
> **讲师行为**：在用《激励百宝箱》选择激励方法时，不要让学员交头接耳，不要看到一个方法就和对方确认这是不是对方喜欢的。统一选好后，讲师会给学员时间向对方解释和做阐述。

第三步：搭档互相分享，阐述理由

讲师：大家选好方法之后，请和你的搭档互相分享一下，告诉对方你为什么选了这 10 种方法，同时告诉对方，你具体准备怎么用这 10 种方法。对方听完之后，请给出反馈，你觉得对方有没有找到你真正关注的要点。如果有，是什么原因？如果没有找到，又是什么原因？请大家互相分享。

第四步：讲师做总结

讲师：通过刚刚 20 多分钟的练习，大家对身边的这位搭档是不是更加了解了？所以我们说，激励可能不像各位想象中的那样难，关键是要试着去了解别人，在别人身上花时间，真正搞清楚对方关注什么、喜欢什么，只有投其所好，才能四两拨千斤，达到好的效果。

一开始，学员可能没办法准确找到对方的关注点和喜好，没有关系，只要多做几次，慢慢地就能又快又准地找到了。这两张表格也是工具，大家回去之后可以备在办公桌前，多加运用。

• **辅助资料：**

《个人关注事项表》

要求：

1. 请对以下相关职业的每个项目打出 1～5 的分数，1 代表现阶段你觉得最不重要的（或者你最不看重的），5 代表最重要的（或者你最看重的）。

_____ 钱（工资奖金等）	_____ 更多事情由本人主导
_____ 社保及津/补贴	_____ 和谐的人际关系
_____ 期权、股权	_____ 减轻工作压力
_____ 实物奖励	_____ 参与更多决策
_____ 权力与权威	_____ 岗位轮换的机会
_____ 社会地位	_____ 参加培训的机会
_____ 工作环境	_____ 上下级相处融合
_____ 名声与荣誉	_____ 工作安全感
_____ 工作成就	_____ 提高工作效率
_____ 行业发展前景	_____ 同事配合得更好
_____ 本人职业发展	_____ 有明确的做事规则
_____ 职位晋升	_____ 得到上司的支持和指导
_____ 成为专业权威	_____ 沟通更有效
_____ 更有挑战的工作	_____ 快乐
_____ 本人能力的提高	_____ 外出旅游
_____ 有独立施展的空间	_____ 健身疗养
_____ 得到赞美与肯定	_____ 更多假期、休息时间
_____ 更好的工作条件	_____ 集体文体娱乐活动
_____ 获得团队成员的认同	_____ 能够帮助其他同事
_____ 自由平等的氛围	_____ 保持现状

2. 打完分后，请用"√"选出你认为最重要的 5 个项目。

3. 请用"√"选出下面各项目中你认为对人生最重要的 3 项。

___权力	___挑战	___金钱
___身份社会地位	___友谊	___机会
___合作	___稳定	___和谐
___生活安全	___赞扬	___制度程序

《激励百宝箱》

1. 随时随地肯定赞美。

2. 将优秀员工请到办公室单独感谢、表扬。

3. 用优秀员工的名字命名工艺或公司文化。

4. 总结报告写入有功劳员工的名字。

5. 经常把自己的员工介绍给上司或客户。

6. 在公众场合感谢成绩突出的员工。

7. 对员工的建议表示肯定。

8. 给优秀员工的家人发贺电。

9. 让做出成绩的员工休假。

10. 主动关心员工的生活。

11. 制作"优秀员工"胸牌。

12. 将优秀员工的照片张贴在宣传栏里。

13. 请优秀员工吃饭。

14. 写一张鼓励下属的便条或感谢信。

15. 及时回复下属的邮件。

16. 在下属的重要纪念日打一个电话或送一件小小的礼物。

17. 在重要节日给员工发一条祝福和问候的短信。

18. 举办一次无拘无束的郊游或团队聚会。

19. 举办一场别开生面的主题竞赛。

20. 送上一个证书、一枚奖章、一束鲜花、一颗真诚的心……

21. 请员工到家里做客。

22. 优秀员工与总经理合影，并将照片挂在档案室。

23. 员工生日时，送生日贺卡和生日蛋糕。

24. 公司举办大型活动时，请优秀员工抽奖。

25. 把客户的表扬信张贴出来。

26. 为优秀员工颁发荣誉证书。

27. 请优秀员工的家人参与公司组织的旅游。

28. 在婚丧喜庆等重要场合露脸，表达你对员工的关心。

29. "请"与"谢谢"不离口，向员工表达谢意时尽量说得具体点儿。

30. 记得员工在公司服务"周年庆"的日子，在众人面前为员工庆祝。

31. 记住员工家属的生日，亲自送一张卡片以示祝贺。

32. 除了可用的休假之外，给表现优秀的员工安排荣誉假。

33. 发薪水时，在信封上写几句赞扬员工的话，或者亲自将薪水条拿给员工，花几分钟谢谢他上个月的努力。

34. 与团队一同外出用餐时，为员工最近的成绩干杯，事先准备好想对他们说的话。

35. 员工做好事时，立刻表扬他，不要错过最佳时机。

36. 张贴一张表扬信，不要不着边际，要写清楚表彰的具体事项。

37. 通过亲手写的短笺表彰员工的表现，或提醒他们有待改进之处。

38. 利用口头嘉许或书面赞许的方式，感谢表现杰出的员工。必要时，可口头与书写两者并用，关键要及时且真诚。

39. 花时间和员工见面，并且在他们需要和想要的时候倾听他们的心声。

40. 当团队提供他们的建议或构想时，感谢他们的创意。

41. 经常诚恳地对员工说："我知道你办得到。"

42. 送员工一本与他工作相关的新书，订阅一份他喜爱的杂志（和工作无关的休闲杂志）。

43. 了解员工最喜欢的一本书，买下那本书并请作者签名，然后送给员工。

44. 请公司的总裁或高层领导见见你的下属，感谢下属的杰出表现。

45. 亲自做一张感谢卡奖励整个团队，即使只是每人一杯果汁，也会让大家觉得很高兴。

46. 在办公室放置一个奖励箱，放进各种餐券、门票、优待券，当某位员工取得出色的成绩时，让他从奖励箱中选择想要的票券。

47. 把表现杰出的员工的照片挂在走廊的一面墙上，布置成一面"名人墙"。

48. 依据员工的喜好，送给他电影票、音乐会、表演活动门票或球赛门票。

49. 出差时，为每位员工带点儿礼物，以表示你的感谢。

50. 为团队做一份年报，附有员工的优秀事迹和图片。做一本员工成绩纪念剪贴簿，给团队中的每位员工留出空白页，在空白页上填写员工的经历。一旦员工受到褒奖，就在剪贴簿上记下具体内容，而且还要附上员工的获奖感言。

51. 安排某个周五下午，带领全体员工观看一场鼓舞人心的电影，然后让他们早点回家。

52. 在某个特定的日子，带一些员工喜欢吃的点心或零食到办公室和员工分享，顺便聊聊天，了解他们的近况，并接受他们的建议。

53. 制定部门标准，如绩效、成绩等，在员工达到目标时，给予符合公司文化和宗旨的奖励。

54. 在员工大会上给你下属送花，一束一束赠送，每束代表不同的功劳。

55. 对于员工的绩效，提供特定的和经常性的意见回馈，并且为他们提供能够改善绩效的支援。

56. 为员工提供充分的资讯，例如，有关公司赚钱或亏钱的信息，即将推出的产品、服务、策略等，并且向员工解释他们在整体计划中所扮演的角色。

57. 让员工参与决策，尤其是当这些决策会影响到他们时。

58. 营造一个开放、和谐、充满乐趣的工作环境，鼓励员工提出新的观点、建议和提案。

59. 取得成就后及时庆祝、表扬——无论是公司、部门还是个人的成就。花时间与团队开会，构思一些有创意、新鲜感并且能够鼓舞士气的会议和活动。

60. 当员工必须在周末加班时，帮他们准备午餐。

61. 偶尔制定每日目标来支持公司的目标，把它订得足够高，好让员工全力以赴。

62. 为感谢团队一年来的表现或成就，请他们携家属到你的家里聚餐，以增进彼此的了解和友谊。

63. 当员工晋升或职责加重时，送他一个特殊的纪念品。

64. 让员工选择喜欢的地点去参加在职培训。

65. 根据员工的建议改善办公环境，让大家工作起来更舒服。

66. 当你在进行一项很有挑战性的计划时，请你的员工来帮忙。

67. 如果员工曾表现出对某个主题的兴趣，那么，当与这个主题有关的事情出现时，主动和这位员工讨论、分析并请员工给出建议。

68. 完成一项工作计划后，带领整个团队出去放松一天，例如，去温泉休闲区度过一天或一个周末。

69. 让员工参加专案小组或委员会，使其有机会与高阶主管接触。

70. 什么是员工最不喜欢做的事？你主动帮他做一天。

71. 诚恳、具体地告诉员工他哪里做得好。

72. 想维持员工的工作动力，要注意批评与赞美的比例，通常批评 1 次让员工损失的动力要赞美 5 次才能补回来。

73. 敞开办公室的大门，经常在办公区域走动，聆听员工的意见。

74. 做一张褒奖次数表，列出团队中所有员工的名单，用 4 个星期的时间记录你褒奖每位团队成员的次数与事项，借以体现褒奖对于自己与团队的影响力。

75. 当场褒奖。3 个步骤：首先，告诉员工他做对了什么事情；其次，告诉他达成了什么价值或目标；最后，向他诚恳地说"谢谢"。

76. 给员工的配偶写一封表扬信，或送上玫瑰与香槟，以感谢员工家属的支持与牺牲。当你为员工做了一件事情时，员工会感谢你；当你为员工的家人做了一件事情时，你和员工会成为朋友。

77. 在公开场合，让员工以"3分钟演讲"上台分享他的成功故事，以此肯定员工，让他有成就感。

78. 放手让员工去做决定，授权与信任是激励员工的好方法。

79. 当员工在某件事情上的表现不尽如人意时，先赞美再责备，最后一定要补上一句赞美，激励他勇敢面对问题，让他在下一次表现得更好。

80. 认可、奖赏表现优异者；对于绩效欠佳或处于及格边缘的员工也要有所行动，帮助他们进步或者让他们离开公司。

81. 在员工生日时将贺卡亲自送给他。

82. 指派员工加入某个有趣、受人瞩目的案子，给员工表现的机会。

83. 在表扬会或感谢晚宴上，颁发一些事先未告知当事人的奖励，给当事人一个惊喜。

84. 当顾客称赞某位员工时，你可以送那位员工一枚银质别针或类似的东西奖励他。

85. 为某名员工的成就或公司里某个团体的成就举行一个未事先通知的庆祝会。

86. 当你的下属或者你领导的团队对公司有特殊贡献时，请你的上司、高阶主管乃至公司的 CEO 写信感谢他们。

87. 依员工的兴趣，送他们去外面参加会议、讲习班或培训班。

88. 在公司举行早会、早餐会或员工大会时，邀请员工分享团队或个人获奖的喜悦。

89. 为勤奋工作，从不迟到早退的员工颁发全勤奖，并且表扬他们。

90. 学习倾听以及用眼神接触，表达你对员工的关心。

91. 相较于人力资源部门或老板的赞美，员工更在意的是直属主管的褒奖。

92. 赞美绝对不嫌快，即时褒奖很重要，因为时间拖得越久，激励的效果越差。

93. 奖励那些能够肯定别人的员工，使部门里的每个人都感觉自己受重视。

94. 让每位员工了解公司的收支情况、公司的新产品和市场竞争策略，和每位员工讨论他们在公司的所有项目中所扮演的角色。

95. 向员工的杰出表现表示感谢，一对一地亲自致谢或书面致谢。

96. 创造一个积极开放、信任有趣的工作环境，鼓励员工的积极性和主动性。

97. 加强员工对于工作团队的归属感。

98. 为员工提供学习新知识和成长的机会，告诉员工在公司的目标下，管理者如何帮助其完成个人目标，建立与每位员工的伙伴关系。

99. 庆祝成功——无论是公司、部门还是个人的优秀表现，都应为此举办士气激励大会或相关活动。

✎ 教学活动 8——素材大集市

• **活动概述**：针对力量型、活泼型、完美型、和平型 4 种性格，分别提供 20 条素材（10 条为性格解析，10 条为性格应对之道）。把 80 条素材裁成小纸条，打乱之后装进 4 个信封里（每个信封装 20 条素材），将每个信封命名为一种性格，每个小组发一个信封，让每组成员根据信封上的性格收集相应的性格素材，把不需要的性格元素交换出去，把需要的性格元素交换回来。在规定的时间内看哪个小组的完成率和正确率最高。

• **活动目的**：此项活动可以让学员对 4 种性格的性格解析和应对之道有更深刻的认识和理解。

• **活动时长**：60 ～ 70 分钟。

• **参与人数**：25 人以内。

• **座位方式**：以小组为单位（分为 4 个小组）。

• **游戏道具**：4 种性格的性格解析和应对之道一共 80 条（见辅助资料）。

• **活动原理**：对于知识性的内容，学员的自我探索和自我发现，以及在探索过程中所犯的错误，都会比讲师的单向讲解给学员造成的影响大，进而也能提升学员对所学内容的理解和记忆。

• **活动指引**：

第一步：发信封，公布活动规则

讲师：刚刚，我们通过自我测评找到了自己的性格类型，只有了解自己和他人的性格，投其所好地与他人进行沟通和相处，才能提升我们的人际交往能力。

接下来，我们通过一个活动让大家对这 4 种性格有更直观和深入的认识。我们有 4 个小组，待会儿，我会给每个小组发一个信封，信封里有 20 条被打乱的性格素材，素材分为两类：一类是性格解析，另一类是性格的应对之道。每个信封上都写着一种性格，如果你所在的小组拿到的信封上写着力量型性格，那么你就要在接下来的活动中搜集力量型性格的素材，并把不属于力量型性格的素材交换给其他小组。记住，是等额交换，你交换出去两条素材，就要拿两条素材回来。每种性格分别有10条性格解析的素材，10条性格应对之道的素材，共计20条素材。在活动结束后，我们看哪一组能把20条性格素材都找对。

现在，我就给每组发一个信封，活动的规则我还会给各位再做阐述。

第二步：第一轮活动，学员做素材盘点并交换纸条

讲师：现在每组都有信封了。我们总共进行两轮素材交换，每轮持续6分钟。也就是说，大家只能在素材交换的时限内互相等额交换素材，把不属于本组的性格纸条交换出去，把属于本组的性格纸条搜集回来。

现在先给大家5分钟熟悉信封里的20条素材，并把你觉得不属于本组性格类型的素材找出来。

……

讲师：时间到，大家准备好了吗？现在6分钟计时开始，大家可以互相交换素材，找到更多和本小组性格相关的素材，现在开始！

异议处理：为了赶时间，小组成员可能都会冲出去和其他组的成员交换素材，导致交换回一些不属于本小组的性格素材。在这种情况下，讲师不用刻意去做干预。混乱、无秩序、犯错误本身也是本活动的元素之一，毕竟小组成员的性格也是各异的。

第三步：第二轮活动，学员做素材盘点并交换纸条

讲师：时间到，请大家结束交换，回到座位上。现在给大家 5 分钟，请组长带领小组成员盘点你们交换回来的素材，看看哪些是属于本组的，哪些是不属于本组的，哪些是有争议的，为下一轮的素材交换做准备。

……

讲师：讨论时间到，接下来，请大家拿好需要交换的素材，走到教室中间，我们开始第二轮的素材交换，6 分钟计时开始。

第四步：第三轮活动，学员做素材盘点并交换纸条
操作步骤和说明同第三步。

第五步：学员登台做分享，讲师做点评和总结

讲师：截至目前，我们的三轮素材交换已经结束了。请大家根据自己小组分配的性格，把 20 条素材分为两个部分：一部分为性格解析，有 10 条素材；另外一部分为性格应对之道，也有 10 条素材。请大家花些时间做整理。

接下来，我们请每组派一个代表讲解你们小组的性格，以及对性格的 10 条解析和 10 条性格的应对之道。今天是星期三，我们就先掌声欢迎第三组的小伙伴吧！

……

讲师：大家的分享都很精彩，相信通过活动和分享，大家对 4 种性格应该有了更深的认识。接下来，我结合答案给大家查漏补缺，讲讲这 4 种性格的 80 条素材（讲师呈现辅助资料，结合 80 条素材，做有针对性的补充讲解）。

• 活动变体：

可以不用素材交换周期的轮次，而是给学员一段时间，如 20 分钟。在 20 分钟内，小组成员之间充分交流，互相交换性格素材，直到大家都找到属于本小组性格的 20 条素材。如果 20 分钟时间到，还有 1 个以上的小组没有找齐素材，可以适当延长时间。

• **辅助资料：**

力量型性格解析

1. 喜欢发表讲话、发号施令。

2. 不能容忍错误，不在乎别人的情绪和别人的建议。

3. 是决策者、冒险家，是有目的的听众。

4. 喜欢控制局面，一切为了赢得胜利。

5. 冷静独立，经常以自我为中心。

6. 喜欢直接的回答，不喜欢拐弯抹角和优柔寡断。

7. 有大量的新想法，喜欢用事实讲话。

8. 因为目的性太强，所以害怕没有结果。

9. 当别人失去控制和误入迷途时，他有着坚定的控制力。

10. 在充满疑虑的情况下，他仍然愿意去把握每一个机会。

力量型性格应对之道

1. 理解他们是天生的领导，想控制一切人和事，不喜欢顺从，喜欢独立和自由。

2. 谨防被他们控制，同时帮助他们保持冷静来控制他们自己的情绪。

3. 坚持要求他们做适度的双向沟通，引导他们对不同意见做出回应而不是回击。

4. 避免因过分逼迫他们而遭受攻击，给他们台阶，以挽回他们的面子。

5. 明白他们对别人的伤害可能是无意的，他们虽然快人快语但不是没有同情心，他们以事业为重。

6. 工作时给他们项目主导人的感觉，但是先将范围和性质说明白，与他们划清界限。

7. 了解他们喜欢被公开表扬，而在私下接受批评和建议，和他们说话时开门见山、直切主题。

8. 引导他们服从权威，进行团队合作。

9. 明白他们天生具有竞争性，无所不能的感觉在遭受打击后会使他们变得敏感和拘束。

10. 欣赏他们天生有当机立断的能力，重结果与机会，不拘泥于过程和形式。

活泼型性格解析

1. 通常充满激情，有创造力，理想化，重感情，乐观主义。

2. 凡事喜欢参与，不喜欢孤独。

3. 喜欢追求乐趣，乐于让别人开心。

4. 说话和表达通常没有条理。

5. 嗓门大，话多。

6. 希望得到公众的认可。

7. 总是希望有表达自己的自由。

8. 希望有人帮助他们实现创意，害怕失去大家的赞同。

9. 反应快，喜欢打断别人的讲话。

10. 对自己的评价过高，关心自己胜过关心别人。

活泼型性格应对之道

1. 了解他们强烈希望感染和影响他人，喜欢以人为重，渴望集体活动，认为人越多越好。

2. 了解他们有才华，需要舞台，好出风头，强烈希望获得众人的关注与称赞。

3. 引导他们甘愿扮演配角与分享荣誉，表现出风度，从而赢得众人的欣赏。

4. 理解他们完成任务的困难，最有效的激励就是公开表扬和赞赏他们。

5. 明白他们非常健谈，在困难和质疑面前，他们只不过是想倾听和表达。

6. 理解他们说话往往不经思考，高兴就说，满足他们对礼物和惊喜的向往。

7. 帮助他们三思而后行，为他们规定最后的期限，让他们避免承诺超过自己能力范围的事。

8. 不要期望他们能长时间听你说话，除非让他感觉到你多么有耐心，他多么没礼貌。

9. 记住，他们的注意力容易转移，会忘记约会的时间，喜欢新事物，最容易受环境影响。

10. 接受他们喜欢兴奋和刺激、玩笑和恶作剧，有时会让人下不了台的特点，理解他们绝无恶意。

和平型性格解析

1. 善于保持人际关系。

2. 忠诚，关心别人，喜欢与人打交道，待人热心。

3. 有耐心，能够让激动的人冷静下来。

4. 不喜欢采取主动，愿意停留在一个地方。

5. 是一个非常出色的听众，迟缓的决策人。

6. 不喜欢人际间的矛盾，喜欢"和稀泥"。

7. 会从他人的角度理解和思考问题，有同理心。

8. 习惯于传统的方式和程序，害怕改变。

9. 能从事别人认为沉闷的日常例行工作。

10. 口头禅是"随便"，容易被人忽略。

和平型性格应对之道

1. 了解他们不是冒险者，他们抵触不稳定的环境，需要平静的环境和安全感。

2. 他们不欣赏咄咄逼人的人，不喜欢高嗓门或发脾气，认为谦和的谈吐和文雅的举止是最好的回应。

3. 理解他们害怕伤害和挫折，恐惧挑战和目标，帮助他们制定合适的目标并给予奖赏和报酬。

4. 理解他们渴望"高接触"，希望自己是家庭和团队的一分子，恰如其分的温暖和亲近对他们来说很重要。

5. 了解他们的天性是不易兴奋，甚至有些冷淡，但他们内心有秘密的心愿，希望自己成为有用的、能帮助别人的人。

6. 理解他们不喜欢意外，喜欢循序渐进的变化，可以提前告诉他们可能发生的改变。

7. 了解他们不愿意成为先行者，他们更愿意循着脚印前进，培养他们的领导力。

8. 了解他们以人为重，是他人可靠的救援者、感情的协调者，肯定他们良好的人际关系。

9. 鼓励并强迫他们表态"是"或者"不是"，鼓励他们承担责任，持续给予他们信心。

10. 了解他们在平静、没有冲突、没人催促的情况下做得最好，别把责任与过失全部推到他们身上。

完美型性格解析

1. 天生喜欢分析，思路缜密严谨。

2. 沟通时会问许多有关细节方面的问题。

3. 非常敏感，喜欢拥有较大的个人空间。

4. 事事喜欢准确完美，喜欢条理和规则。

5. 对于决策非常谨慎，过分地依赖材料、数据，工作起来很慢。

6. 喜欢安全感，害怕混乱的局面。

7. 不希望有突如其来的改变，害怕新的措施和方法。

8. 希望被别人重视，害怕被批评。

9. 有洞悉人类心灵世界的敏锐眼光。

10. 经常沉浸在自己的世界中，不合群。

完美型性格应对之道

1. 了解他们闷闷不乐、心事重重未必是生气，而是在思考问题。

2. 理解他们以事业为重，与人相处、说话做事会显得冷淡或漠不关心。

3. 无休止的追问和对完美极限的挑战使他们显得与众不同，给他们空间，要更有耐心。

4. 尝试用"为什么"来回应他们的问题，强迫他们思考，满足他们"是自己解决了问题"的心理需求。

5. 理解他们"心口一致""实话实说"，他们擅用事实还击并能击中要害，令人体无完肤。

6. 理解他们天生悲观，会率先向新思想泼冷水。

7. 即使不喜欢他们的态度，也别阻止他们畅所欲言，他们的见解极具价值。

8. 了解他们敏感、易受伤害，鼓励他们说出内心的感受，表示理解并迅速给予帮助。

9. 了解他们需要衷心的关怀、客观的赞美、额外的奖赏，尊重他们的时间表。

10. 接受他们需要独处、喜欢安静、要求井然有序的特点。

📝 教学活动 9——卖的是益处

• **活动概述**：给每组学员发一张白纸，让他们横向摆放并在纸上画一个表格（见辅助资料）。给每组学员一件公司的拳头产品。第一轮，第一位小组成员先写出本产品的特征。第二轮，把纸传递给下一位小组成员，请学员在特征后面写上本产品的优势。第三轮，再传递给下一位小组成员，在优势后面写上产品的益处。最后，请每组派代表登台呈现和分享所写的内容。

• **活动目的**：此活动比较适合销售团队，能够让学员提炼出本公司产品的益处，与客户交流时能多呈现产品的益处以及为客户带来的好处，因为这才是客户买单的原因。

·**活动时长**：60 ～ 90 分钟。

·**参与人数**：30 ～ 40 人。

·**座位方式**：以小组为单位（建议 5 组以内）。

·**游戏道具**：白纸、白板笔、特征—优势—益处分析法表格。

·**活动原理**：人为利益和好处买单，而不是为产品的特征买单。一辆超级跑车有 12 缸的发动机可能不是客户最关心的，客户最关心的是 12 缸的发动机所带来的风驰电掣、推背感极强的感觉。

·**活动指引**：

第一步：画表格，书写产品特征

讲师：经常有销售员和我讲，给客户介绍了半天产品，客户就是不买，他们自己说得口干舌燥，但效果甚微。这有可能是因为你推销的角度不对，没有抓住客户的痛点。接下来，我们做个小活动，希望借助大家的智慧和努力，一起对公司的几个核心产品做分析。

这个方法叫"特征—优势—益处分析法"，"特征"就是这个产品或服务所拥有的客观属性；"优势"就是这个产品相比其他产品的优势；"益处"则是这个比较优势给客户带来的好处。例如，你要介绍一部手机，双卡双待就是手机的特征之一；因为手机双卡双待的特点，客户可以把两张卡放进一个手机，可以一机双号，这就是优势；出行更方便，减少负担，减少丢手机的风险，这就是益处，而客户买产品买的就是产品的益处。

接下来，给每组发一张白纸和一支白板笔，大家在纸上画一个表格。我们公司主做商务男装，所以我们给每组分发不同的产品进行探讨。第一组探讨的产品是西服，第二组探讨的产品是西裤，第三组探讨的产品是衬衫，第四组探讨的产品是皮鞋，第五组探讨的产品是夹克衫。

大家把各自小组分到的产品名称写在表格的最左边。现在给每组 10 分钟，大家开始集体头脑风暴，把你们组的产品特征罗列出来，写得越多越好，记住，只写产品的特征，其他都不用写，现在开始！

第二步：小组纸张轮转，书写产品优势

讲师：写好产品特征之后，现在请把你所在小组的白纸按顺时针方向传递给下一位小组成员。第二轮再给各位 10 分钟，大家在上一轮的基础上，在第三列写下这些特征所带来的比较优势。请开始书写。

第三步：小组纸张轮转，书写产品益处

讲师：等比较优势写得差不多时，按照规定，还是把纸按照顺时针方向传递给下一位小组成员。用 10 分钟把产品给客户带来的益处罗列出来。

第四步：学员登台做分享

讲师：大家都写得差不多了，是不是感觉写的时候很痛苦，但写完就感觉很爽？因为这些内容被整理出来后，今后在你的销售过程中就可以直接运用了。接下来，我们请每个小组派代表登台做分享，我们互相学习和借鉴！

· **辅助资料：**

特征—优势—益处分析法

产品	特征	优势	益处

教学活动 10——依指令行事

• **活动概述**：在每位学员的后背贴上一个行为指示牌。学员本人不知道指示牌上写的内容，学员在教室内和其他学员组成两两小组做分享交流，对方学员要用搭档背上贴的行为指示和他交流。例如，你的搭档背后贴的指示牌上写着"嘲笑我"，学员就要在交流的过程中时不时地嘲笑对方，活动结束后，让对方猜自己的行为指示牌上写的是什么内容。

• **活动目的**：让学员感受到不同的沟通风格带给他人的刺激和伤害，并时刻反思自己在沟通中的风格是怎样的，是否给他人造成了不舒服的感觉。

• **活动时长**：10～20 分钟。

• **参与人数**：30～40 人。

• **座位方式**：以小组为单位。

• **游戏道具**：A4 纸，别针。

• **活动原理**：很多时候，内心想的和实际产生的伤害差距是很大的。通过实际的练习，可以让学员体会到不同的沟通方式带来的主观感受，有利于后期的反思和改进。

• **活动指引**：

第一步：两两搭档，互相分享

讲师：我们每天都在沟通，同时也因为沟通不好，向别人扔了很多把"刀子"，导致人际关系变差。今天我们做一个小活动，让大家感知不同的沟通指令所带来的不同的情绪体验。

大家在班级内找一位学员形成两人小组，接下来，我会给大家发行为

161

指示牌，请大家领到指示牌后，不要让搭档看到你手上的指示牌的内容，把行为指示牌用别针扣在搭档的后背上，注意一定不要让搭档看到指示牌上的内容。因为活动最后，我们需要让对方猜出他后背上贴的行为指示牌是什么内容。

……

讲师：双方都贴好之后，请坐下，现在给大家 5 分钟交流，请你依照搭档背后的指示牌的内容和搭档沟通，如搭档的指示牌上写着"不耐烦的"，你就要全程用不耐烦的口气和他沟通。当然，对方也是依照你背后指示牌的内容与你沟通。

第二步：交换搭档，互相分享（做 2 ～ 3 轮）

讲师：时间到，怎么样？两个人的沟通是不是感觉莫名其妙？是不是有想打人的冲动？现在请大家起立，离开你的搭档，再重新找一位伙伴，形成两人小组，继续第一轮的做法。（如果时间允许，可以让学员多做几轮，对学员的冲击和刺激会更大。）

第三步：学员猜答案，并做总结分享

讲师：请大家和你的搭档握个手，并回到座位上。刚刚我们用非常别扭的方式做了 3 轮沟通。现在请大家猜猜，你背后的行为指示牌上是什么内容，看看谁能猜对。

有学员问我，讲师，你用这些奇怪的词指示我们沟通是什么意思啊？其实，这些词就是大家平时会用到的一些词，现在用在了你的身上，例如你想正经地和别人谈点儿事情，结果别人嘲笑你，你做何感想？或者你想请教别人，别人却对你心不在焉，你又做何感想？中国有句古话，叫"己所不欲，勿施于人"，今天你的搭档其实就是你的镜子，把很多我们平时沟通的陋习都暴露了出来。既然暴露出来了，我们就要找一些解决办法。下面，我们来学习一些沟通方法。

• **辅助资料：**

行为指示牌上的内容

1. 向我请教

2. 忽视我

3. 唯命是从

4. 嘲笑我

5. 讽刺我

6. 唯唯诺诺

7. 和我抬杠

8. 尊重我

9. 支持我

10. 藐视我

11. 指责我

12. 推卸责任

13. 情绪反复无常

14. 正常交流

15. 不耐烦的

16. 心不在焉

17. 强势的

18. 弱势的

第六章
10 种课程收尾活动

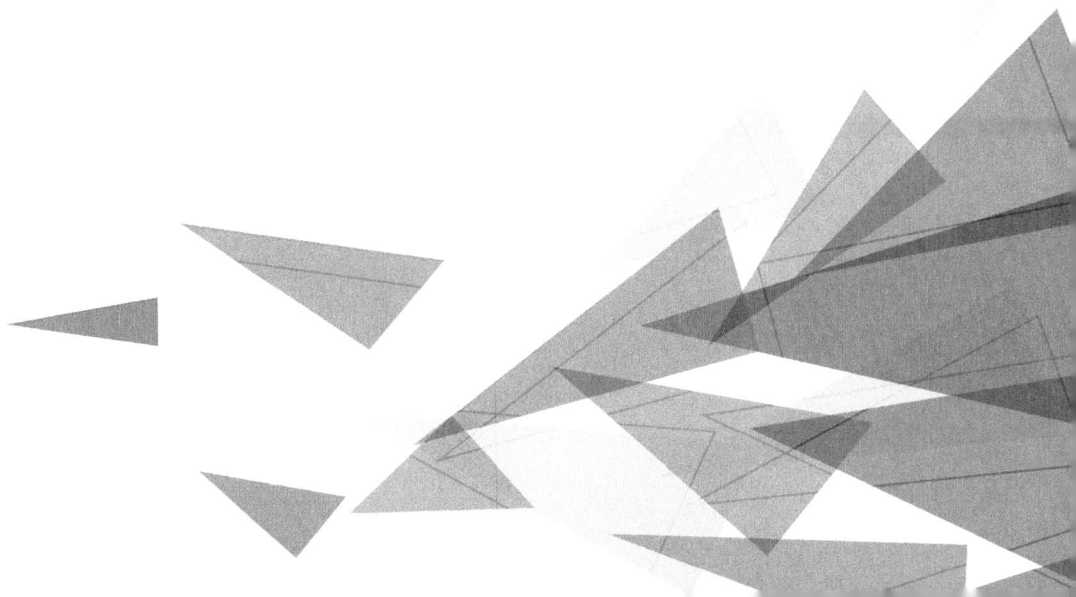

收尾活动是为了在课程即将结束时把学员的注意力再次聚焦到课程所学的内容中，通过复习、回顾、绘图、分享等活动帮助学员更好地记忆所学课程。

收尾活动 1——围圈巧复习

• **活动概述**：把班里的学员平均分成两个小组，第一组学员围坐成一个较小的圆圈（背朝圆心而坐），第二组学员在第一组学员的外围围坐成一个更大的圆圈（面朝圆心而坐），注意内外圈的同学是 1 对 1 相视而坐（详见辅助资料）。坐定之后，面对面的两位学员相互分享课程的学习收获和行动计划，每位同学分享 90 秒。分享完后，外圈的同学顺时针移动一个位置。这时换了一位分享搭档，每位同学继续分享 90 秒。如果时间允许，可多分享几轮。

• **活动目的**：同学之间的多轮分享，可以加深学员对关键知识点的复习和记忆，同时，别的学员听到不一样的知识点，也能唤起他对学习的记忆。和越多的人分享行动计划，给自己的执行压力也会越大。

• **活动时长**：10 ～ 20 分钟。

• **参与人数**：20 人以内。

• **座位方式**：平均分成两组。

• **游戏道具**：A4 纸。

• **活动原理**：根据成人的学习原理，主动分享后记忆的留存率比被动听讲后记忆的留存率要高 40%。多次重复也有利于大脑的编码，让短期记忆变为长期记忆，在大脑中留存。

•活动指引：

第一步：学员书写学习收获及行动计划

讲师：今天的课程差不多要结束了，最后我们来做一个复习和行动计划的小活动。大家先拿出一张 A4 纸，在 A4 纸上写出以下 3 个问题的答案。第一个问题是本次学习，你印象最深刻（或最有收获）的 5 点内容是什么？第二个问题是 5 点内容中有哪 3 点是你回去之后要马上运用，帮助自己提升工作绩效的？第三个问题是针对前一个问题中的 3 个学以致用的要点，每个要点至少列出 1 条详细的行动计划，支撑实际结果的达成。

第二步：学员围成双圆圈，进行多轮分享

讲师：大家写好之后，我们就要来分享了。请大家轮流"1、2"报数。报"1"的同学，请拿着你们的椅子，围成一个直径约 2 米的圆圈（直径多大，根据现场的场地来做决定），椅背朝内，面朝外而坐；报"2"的同学，请拿着你们的椅子在刚刚的圆圈外再围一个圈，椅背朝外，面朝内而坐，保证和内圈的同学是 1 对 1 相对而坐的。

现在每位同学都有搭档了，接下来请和你的搭档分享你刚刚所写的内容，每位学员分享 90 秒，一位学员分享完之后，再换另外一位学员。

讲师：分享时间到，请两位学员互相在对方的 A4 纸上签个名，表示后续要互相监督，共同进步。

现在请外圈的同学起立，按顺时针方向挪动一个位置并坐下。现在你前面的搭档又换了一位，请按照上一轮的方式继续分享，每位学员 90 秒，分享完之后互相签名。（如果时间允许，可以让学员多分享几轮。）

讲师：我们的分享活动到此为止，短短的时间内，我们分享了 5 轮，也就是每位学员都和 5 位学员分享了你的收获和行动计划，也签了 5 个名字，我希望大家能说到做到，也希望大家能在课后彼此监督和协作，公司不仅希望大家在课上学得好，更希望大家能在工作岗位上多多运用，这样才能大大提高整个组织的绩效。

• **注意事项：**

分享时，讲师要注意时间的控制，同时避免某些学员长时间发言，要让每位学员都有发言的机会。

• **活动变体：**

除了让学员分享学习收获和行动计划，还要让学员互相做测试。请学员先在座位上就所学的内容编写出 5 道题目（单双题、多选题、填空题、判断题、问答题），两组学员围成圆圈之后，拿着考题互相做测试。若时间允许，可以按顺时针或逆时针流转，多进行几轮。

• **辅助资料：**

围圈复习座位图示

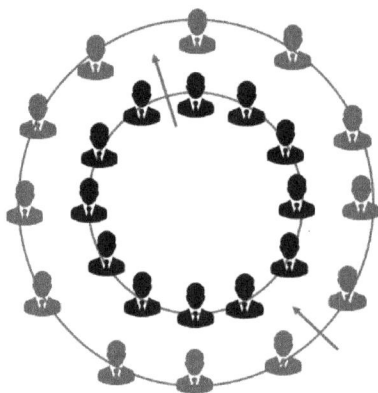

• 内圈学员背向圆心坐

• 外圈学员面向圆心坐

• 内圈与外圈学员1对1相视而坐

收尾活动 2——导图记忆法

• **活动概述**：课程结束前，让小组学员一起协作，以课程所学内容为脚本，创作一幅思维导图，并请每组派代表登台做分享。

• **活动目的**：创作思维导图可以帮助学员对课程的所学知识做整体的复习，同时运用思维导图进行课程内容的重新建构。通过图形、曲线等元素的运用，熟悉课程的脉络以及各知识点之间的逻辑关系。

• **活动时长**：40 ～ 60 分钟。

• **参与人数**：30 ～ 40 人。

• **座位方式**：以小组为单位。

• **游戏道具**：白纸（每组至少一张），24 色水彩笔（每组一盒）。

• **活动原理**：思维导图模仿人类的神经元，可以帮助思维做发散训练，提升记忆力。同时，图形、颜色、结构、曲线等对人产生的刺激远远大于文字的刺激，能帮助学员更好地记住所学知识。

• **活动指引**：

第一步：介绍思维导图，学员创作思维导图

讲师：今天我们学习了很多内容，最后我们来做一个复习和总结。我们邀请每组创作一个思维导图。大家可以小组讨论，集体创意，看用什么结构搭建思维导图的脉络可以打破讲师上课章节的脉络。可以运用曲线，运用关键词，每个一级分支可以用不同的颜色做区分，中心主题可以用一幅画来体现，这里给大家看一个同学创作的样例（见思维导图样例）。

现在给每组发白纸和水彩笔，请大家用 20 分钟集思广益，结合上课的内容，创作一幅思维导图。

第二步：学员登台做分享

讲师：好，时间到。刚刚我在教室里转了几圈。每个小组都创意十足，而且有的小伙伴也有非常棒的绘画功底。现在我们请每组派一位代表，上台把你们画的思维导图给全班同学做一个分享和介绍，一方面带我们复习课程内容，另一方面也让我们相互学习、共同进步。哪一组先来？好，现在我们有请第 4 组的同学。

•**注意事项**：

在创作的过程中，如果学员提出不会画画，这时讲师要强调画画是次要的，主要是让大家通过思维导图对课程内容进行复习，重新做一次知识构建，帮助大家加深印象，增强学习效果。

•**活动变体**：

每组派学员代表登台分享思维导图比较浪费时间，如果时间紧张，可以让学员在小组之间分别做交叉分享。例如现场有 4 个小组，可以让第 1 组的同学派代表拿着思维导图去第 3 组做分享，第 3 组派代表去第 1 组做分享，第 2 组和第 4 组也做交叉分享，这样既能达到分享的目的，也能节省时间。

•**辅助资料**：

思维导图样例

✏ 收尾活动 3——考题相互测

• **活动概述**：在课程结束前，让学员以小组为单位，一边复习课程内容，一边设计一套有 10 道题目的测试卷。请每个小组派一位代表去别的组，用所出的考题去测验别的组。

• **活动目的**：出考题时，学员需要翻看课程讲义及笔记，对课程内容进行快速复习。同时，大家拿考卷互相测试，某些重要知识点会被重复测试，帮助学员加深记忆。

• **活动时长**：30 ～ 40 分钟。

• **参与人数**：30 ～ 40 人。

• **座位方式**：以小组为单位。

• **游戏道具**：A4 纸。

• **活动原理**：人人都好为人师，通过设计考卷测试别人，可以提升大家的复习积极性，提升复习效果。

• **活动指引**：

第一步：学员回顾课程内容，设计试卷

讲师：在今天的课程结束前，我们一起对课程内容做一个复习和总结。这次的复习和总结需要借助大家的集体智慧完成。

待会儿以小组为单位，在组长的带领下，大家先翻看学员手册和笔记本，回顾重点学习内容，然后找出 10 个你们觉得最重要的或印象最深的知识点，依据这些关键知识点设计一份试卷。试卷可以包含判断题、选择题、填空题、连线题、问答题等题型，问答题不得超过两道。同时大家要在试卷后备注答案。给大家 15 分钟复习课程内容并设计试卷。

第二步：小组学员互测

讲师：试卷出得差不多了，现在我们要进入测验环节。

测验环节我们采取互相检测的方式，请每组派出一位代表，拿着你们出的试卷去检测别的小组。如第 1 组出一位学员，拿着试卷去考第 2 组的学员；第 2 组出一位学员，去测验第 3 组的学员；第 3 组出一位学员，去测验第 4 组的学员。（依此类推，假设有 5 组学员，如果时间允许，每组设计一套试卷，可以轮换测验 4 组学员，利用这种方法，可以起到较好的复习效果。）

如果小组学员在测验中回答正确，拿着试卷的"考官"要给学员以鼓励；如果小组学员回答错了，"考官"要给出正确答案并做出相应的解释，帮助学员形成正确记忆。

收尾活动 4——建模促记忆

• **活动概述：**临近课程结束，让学员以小组为单位为课程的重点内容建立一个模型，通过图文搭配的方式对课程内容做新的呈现和演绎。

• **活动目的：**一方面，通过建立模型让学员对课程重点内容的逻辑有了更深刻的认识；另一方面，通过图文搭配让学员对所学知识加深了记忆。

• **活动时长：**40 ～ 50 分钟。

• **参与人数：**20 ～ 40 人。

• **座位方式：**以小组为单位。

• **游戏道具：**白纸（每组至少一张），24 色水彩笔（每组一盒）。

• **活动原理：**模型是对内容的高度提炼和总结，可以把复杂的内容用一张图或一个图形说清楚，利用模型可以对课程内容进行较好的总结、提炼与传播。

　•活动指引：

第一步：介绍建模的方法和思路

讲师： 今天的课程快结束了，在结束之前，我希望大家一起做一个有创意的活动——为课程的重点内容建立一个模型。相信大家在日常生活中一定都见过很多模型，一个好的模型不仅可以把复杂的事情说清楚，还可以对内容之间的相关逻辑做清晰的阐述。

一般来说，模型的逻辑关系有 3 种，分别是流程式、递进式和二维矩阵式。处理业务纠纷的模型就是典型的流程式模型，步骤是按照时间顺序流转的且不可逆。马斯洛需求层次理论是典型的递进式模型，满足了下面的需求，再逐层往上递进发展。时间管理的四象限矩阵就是二维矩阵式模型，通过横轴和纵轴划分 4 个象限，用于分析和解读。

建模一般分为 4 个步骤：第一步是找出需要建模的关键信息点；第二步是分析这些关键信息点之间的逻辑关系；第三步是用相应逻辑关系的模型去图解这些关键信息点；第四步是查漏补缺，并完善模型作品。

给大家讲解了建模的类型和步骤之后，接下来给大家 20 分钟创作一幅模型图。

第二步：学员创作模型并登台分享模型

讲师： 我刚刚看了各位同学画的模型，觉得大家真的是脑洞大开。接下来，我们请每组派一位学员登台，与大家分享一下你们小组的模型代表的含义，以及为什么用这样的结构。

第三步：讲师做总结

讲师： 大家画的模型各不相同告诉了我们一个道理，那就是"条条大路通罗马"。只要能自圆其说，解读清楚其中的逻辑关系，那么模型就是可行的。也希望大家把这种精神带到实际工作中，能活学活用所学的工具和方法，切实提高工作能力和工作绩效。

· 辅助资料：

流程式模型举例：客户投诉处理模型

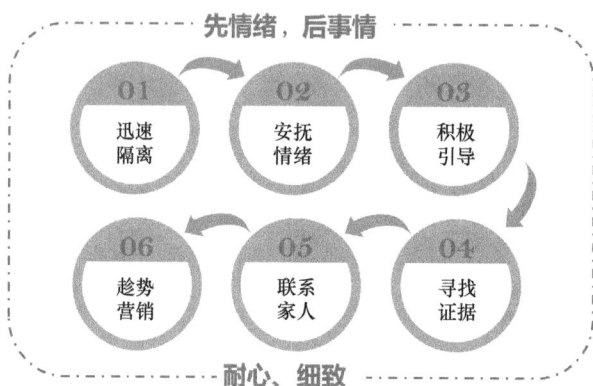

先情绪，后事情

01 迅速隔离
02 安抚情绪
03 积极引导
06 趁势营销
05 联系家人
04 寻找证据

耐心、细致

递进式模型举例：马斯洛需求层次论

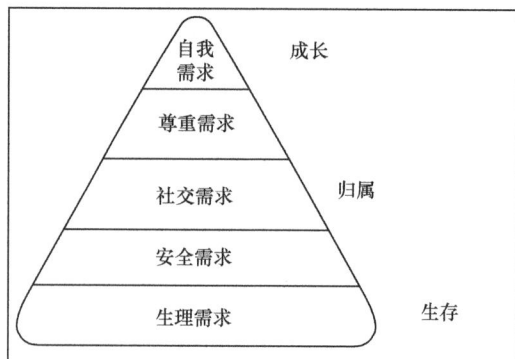

自我需求　成长

尊重需求

社交需求　归属

安全需求

生理需求　生存

二维矩阵式模型举例：时间管理四象限

	紧急	不紧急
重要	I 危机 紧急的问题 有期限的任务、会议 准备事项	准备事项 预防工作 价值观的澄清 计划 关系的建立、真正休闲充电 II
不重要	干扰，一些电话 一些信件、报告 许多紧急事件 许多凑热闹的活动 III	烦琐、忙碌的工作 一些电话 浪费时间的事情 无关紧要的事情 看电视时间太长 IV

收尾活动 5——五星共分享

• **活动概述**：请每位学员在 A4 纸上画一个五角星（填满一张 A4 纸），在五角星的 5 个角上写下本次的课程感悟，然后在小组内轮流做分享，分享之后把 A4 纸放在小组的桌子中央，每位学员随机抽取一张 A4 纸（如果抽到自己的 A4 纸，便把纸放回去，再重新抽取一张），并在五角星的正中间写上该 A4 纸所属的学员的一个优点，写完之后，再把纸放回去，再随机抽取一张，确保每张纸的正中间至少写有 3 个优点。

• **活动目的**：在五角星的 5 个角上写感悟和收获，实际上是让学员做一次复习和总结。通过分享，大家可以形成团队复习，互相补充知识点。写他人的优点可以培养学员善于发现他人优点的习惯。

• **活动时长**：20 ～ 30 分钟。

• **参与人数**：30 ～ 40 人。

• **座位方式**：以小组为单位。

• **游戏道具**：A4 纸。

• **活动原理**：通过对收获和感悟的写和说，学员可以通过多种渠道对信息进行加工，记忆会更深刻。用写的方式赞美他人的优点符合中国人含蓄的性格特点，同时也方便学员斟酌词句，提高赞美的质量。

• **活动指引**：

第一步：画五角星，写感悟和收获

讲师：今天的课程马上就要结束了，我们将用一个五角星来结束我们的课程。请大家在桌上拿一张 A4 纸，在 A4 纸上顶格画一个五角星。请大家在五角星的 5 个角上分别写下本次课程你的收获和感悟，每个角写一个收获和感悟。大家可以翻看笔记本或学员手册查找相关内容。

第二步：学员在小组内轮流分享感悟和收获

讲师：大家写好之后，请组长安排顺序，每位学员在组内依次分享自己的感悟和收获，每位学员的时间是 1 分钟。

第三步：学员互相写对方的优点

讲师：小组分好之后，请大家在 A4 纸的左上角签上你的名字，现在请把 A4 纸放在桌子的中央，请每位学员在桌子中央随机抽取一张 A4 纸，如果是自己的，就把纸放回去，再抽取一张。抽取之后，看看这张纸的拥有人是谁，同时思考他有什么优点值得你学习，想好之后，请把对方的优点写在五角星的正中间，然后把纸张放回去，再随机抽取一张，重复上面的步骤，直到每张 A4 纸上至少写下 3 个优点。

第四步：讲师做总结

讲师：我们的活动进行得差不多了。请大家领回自己的纸张，看看上面其他学员给你写的优点是不是充满了正能量？所以说，学习不仅是跟讲师学，同学之间的学习也是非常重要的，希望大家能一直保持对他人感兴趣的状态，能保持感恩和谦虚的心态，这样你的学习之路才会越走越好、越走越宽。

•活动变体：

如果时间紧张，也可以让学员组成两人小组，和搭档一起分享自己写的感悟和收获，分享完之后，两位搭档互相交换纸张，分别在对方的五角星正中间写上你听了对方的分享之后有什么感受，以及哪几点是让你印象最深刻的。

•辅助资料：

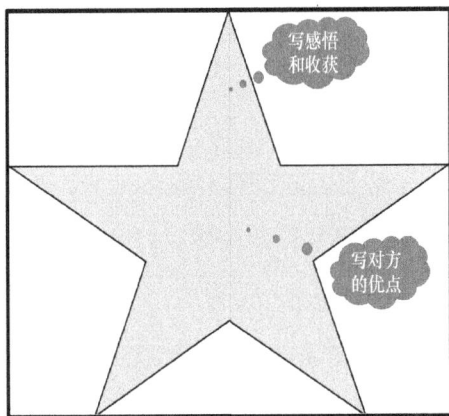

收尾活动 6——ORID 心得法

•活动概述：讲师给学员讲解 ORID 4 个英文字母的含义，让学员基于 ORID 的 4 个步骤书写学习收获、感悟、行动计划等内容，并在小组内做交流和分享。

•活动目的：ORID 的 4 个步骤有效结合了学员分享的感性和理性层面。从获得的事实层面、产生感悟的层面、体现的价值和意义层面、学以致用的行动计划层面让学员的分享循序渐进、情理并茂。

- **活动时长**：20～30分钟。

- **参与人数**：30～40人。

- **座位方式**：以小组为单位。

- **游戏道具**：A4纸。

- **活动原理**：如果没有外在结构的辅助，人们的分享往往是无序和混乱的。运用ORID的分享结构不仅能让学员的分享内容更充实，也能激发学员学以致用的积极性。

- **活动指引**：

第一步：学员书写ORID

讲师：在今天的课程结束前，给各位分享一个思维训练方法，叫ORID焦点讨论法。这个方法可以用在很多地方，例如催化师在引导大家开会时可以使用，个人写工作总结时可以使用，面试他人时也可以使用。今天，我们就用ORID焦点讨论法来做课程内容的复习。ORID是4个英文字母的缩写：O代表Objective，表示获得的客观事实、信息、资料；R代表Reflective，表示产生的感悟，即情绪、感觉、联想等；I代表Interpretation，表示体现的价值，即意义、目的等；D代表Decision&Plan，表示决定、下一步行动，即新的理解、决策、行动等。我们这次要用ORID焦点讨论法来复习。O代表获得事实：描述在课程学习中收获最大或感受最深的一点。R代表产生感悟：收获最大的点对我有何感悟、感觉和联想（结合实际工作谈体会）。I代表体现价值：给我的价值、意义和帮助是什么？D代表行动计划：我今后在这方面准备怎样去做，有何计划？给大家举个例子，这是某位学员在上了管理课程之后所写的ORID复习结构。

现在给大家 6 分钟，请在桌子中间拿一张 A4 纸，在上面用 ORID 焦点讨论法复习回顾这次的课程内容，并制订未来的行动计划。

第二步：学员小组内分享

讲师：大家写好了吗？请大家放下笔。现在我们以小组为单位，请各位学员在组内轮流分享你们所写的 ORID 复习结构。请组长帮忙组织一下，每位学员的分享时间为 1 分钟。请第一位同学开始分享。

第三步：讲师做总结

讲师：大家刚刚的分享很精彩，企业对我们的要求是不仅要说得好，更要做得好，所以希望大家在课后能切实履行你们制订的计划。每个小组就是一个后续互相监督和提醒的小团队，要彼此留下电话号码或建立微信群，方便后续交流和互相鼓励支持。希望早日看到大家蜕变的那一刻！

• 辅助资料：

ORID 心得表

英文全称	解释	举例
Objective	获得事实：描述在课程学习中收获最大或感受最深的一点	最有收获的一点是批评下属的"三明治"批评法。批评他人也是需要方法和策略的
Reflective	产生感悟：对收获最大的点我有何感悟、感觉和联想（结合实际工作谈体会）	以前自己在批评下属的时候问题表述得不太具体，并且时常带有情绪，这都会深深地伤害下属
Interpretation	体现价值：给我的价值、意义和帮助是什么	现在学了"三明治"批评法之后就知道批评时要先给出赞美和肯定，再具体地批评，最后还要给予鼓励和安抚，要时刻关注对方的反应，注重沟通成效
Decision&Plan	行动计划：我决定今后在该方面准备怎样去做，有何计划	以后每次和员工进行绩效面谈时，我会用"三明治"批评法和员工进行沟通。同时当员工犯错误时，我会及时给予批评和指正，不"秋后算账"

收尾活动 7——以教促学习

• **活动概述**：以小组为单位，学员集体复习。复习结束后，每组派一位学员去其他小组教别人，每轮教学的时间为 3 ～ 5 分钟。如果时间允许，可以让学员轮流在小组之间进行复习教学。

• **活动目的**：站在小组前方进行讲解，不仅可以让学员自己重新复习记忆课程内容，也可以让学员对关键知识点形成强化记忆。

• **活动时长**：30 ～ 50 分钟。

• **参与人数**：30 ～ 40 人。

• **座位方式**：以小组为单位。

• **游戏道具**：A4 纸。

• **活动原理**：学习金字塔告诉我们，教授他人可以让学习内容的平均留存率达到 90%。因此教别人是最好的也是最快的学习方法，能让学员对重点内容和知识点形成强化记忆。

• **活动指引**：

第一步：学员复习，整理教学笔记

讲师：经过两天时间，我们学习了很多内容。孔子教导我们要"温故而知新"，接下来，给每个小组 10 分钟翻看笔记本及学员手册，回顾和复习两天以来所学的内容，可以做一些记录，罗列出你要分享的结构和思路。

待会儿，大家罗列好之后，每组派出一位代表，到其他组去带领组员复习和回顾。既然要带领组员复习，那么自己就要做充分的准备，大家开始吧！

异议处理：如果学员提出要准备一些笔记去教别人，讲师是可以应允的，但是要禁止学员照着笔记念，可以把笔记作为辅助材料，实在记不住的时候可以看一眼。这样才能起到复习和记忆的效果。

第二步：学员在小组之间轮流讲授

讲师：待大家复习得差不多了，请组长派本组的一位学员到下一组就位（第一组派代表去第二组，第二组派代表去第三组，依此类推）。大家已经站好位了，现在开始教导和复习工作，每位小讲师的教导时间为 3 分钟。（如果时间允许，可以多轮转几次，这组分享好之后，可以去下一组。）

• **活动变体：**

做好准备之后，每个小组派一位代表登台给大家做复习讲授，分享完后学员投票，评出优胜小组。（可以将讲解内容的广度和深度、内容的记忆程度、结构的清晰度、内容的准确度等作为评分标准。）

收尾活动 8——写信致未来

• **活动概述：** 让学员站在自己服务对象的角度（如顾客、上级领导、学员、同事等）给 3 个月后的自己写一封信。这次培训后，学员能学以致用，在实际工作中灵活运用所学的技能，带来工作绩效的提升。

• **活动目的：** 此项活动可以让学员对回到工作岗位运用所学改变现状更有信心，同时增强其改变的意愿。

• **活动时长：** 20 ～ 30 分钟。

·**参与人数**：30～40人。

·**座位方式**：以小组为单位。

·**游戏道具**：A4纸、信封、双面胶。

·**活动原理**：人愿意改变是因为看到了改变带来的好处或不改变所带来的痛苦。通过模拟服务对象写给自己的表扬信，让学员看到积极运用所学、积极改变所带来的美好前景，用文字画面的形式框住学员的思维，加大其改变的力度。

·**活动指引**：

第一步：展示例子和模板，学员写信给自己

讲师：这次课程的时间安排在周末，大家牺牲周末的时间来学习，真的很用心，也很努力。我想我们努力学习是为了提升自己的专业能力，能为顾客提供更专业的服务，让顾客满意。所以我希望待会儿大家能站在顾客的角度给自己写一封信。假设3个月后你运用课上所学的知识在实际岗位上积极改变自己，获得了顾客的好评，所以他给你写了这封信表扬你。给大家看一个例子，这是上次一位学员写的。

为了提升各位写信的效率，给大家提供一个模板，供大家参考。接下来，给大家10分钟，请各位学员拿一张A4纸，站在顾客的角度，开始构思并书写这封表扬信。

异议处理：如果学员认为书写模板固化了其思维，想运用自己的思路和结构进行创作，也是可以的。但前提是书信中一定要体现较具体的行为或内容，或因此而获得的效果等内容，不能夸夸其谈。

第二步：学员组成双人搭档，互相分享

讲师：我看到大家一边写信，一边忍不住在笑，你们是不是觉得被顾客表扬很开心啊？既然这么开心，我们也要把这份开心分享出来。请大家起立，在教室内找到一位小伙伴形成两人小组，互相分享一下你们所写的信的内容。

第三步：讲师做总结收尾

讲师：在快乐分享完后，是不是更开心了啊？接下来，请大家在桌子中间拿一个信封，把这封信折一下装到信封里，并用双面胶封住信封口，在信封上写上"TO："和自己的名字。把信交给组长，人力资源部的同事会统一替各位保管这些信，并在 3 个月后把信还给你们，看看你们有没有做出改变，有没有资格获得顾客的表扬和感谢。祝大家好运！

· **辅助资料：**

写信致未来举例

尊敬的张老师：

　　我写这封信是为了感谢您在内训师授课技巧方面给我提供的帮助。

　　首先，您告诉我们内训师舞台风范的塑造非常关键，讲师的精气神和舞台感是我们呈现给学员的第一印象，这使我能以最佳的精神面貌面对我的学员。

　　我还要感谢您非常细致地讲解各种教学活动的开展方法和流程。您这种循循善诱、由浅入深的专业教学思路让我受益匪浅。

　　最后，感谢您在课程演练中给我的专业点评和反馈，让我看到了差距和改进的方向。我想它真的能在未来教学之路上让我拥有更大的改变和进步。

　　希望有机会能再次向您学习！

您的学员：××
2018 年 7 月 4 日

写信致未来书写模板

尊敬的（亲爱的）_____：

我写这封信是为了感谢您在_____提供的帮助（服务）。

首先，您在_____（行为），这使我_____（达成的效果）。

我还要感谢您_____（行为）。您的_____（服务或专业能力）让我受益匪浅。

最后，感谢您_____（行为）。我想它真的给_____带来了很大的改变和进步。

希望有机会能再次合作（向您学习)!

_____（姓名）

_____（日期）

收尾活动 9——你是最棒的

• **活动概述**：学员从印象最深的 1～3 点内容、平时工作中容易忽略的 1～3 点内容、要学以致用的 1～3 点内容 3 个方面做课程内容的复习。复习之后，学员去空地站立围成一个圆圈，讲师给其中一位学员一个皮球，学员拿到皮球之后分享自己所写的课程复习内容，然后把皮球抛给下一个位学员。在抛球之前要先赞美对方，对方接到球之后继续分享，并在分享完后把球继续往下传，直至所有学员都分享完毕。

• **活动目的**：此活动可以采用比较有趣的方式复习和回忆课程内容，因为重要知识点会被多人重复提及，可以加深学员的印象。通过赞美对方，也能提升学员对他人的敏感度，增进学员之间的友谊。

• **活动时长**：20～30 分钟。

- **参与人数**：20 人以内。
- **座位方式**：面朝圆心站立，围成一个封闭的大圆圈。
- **游戏道具**：直径 8 ～ 10 厘米的小皮球一个，A4 纸若干。
- **活动原理**：场地和姿势的更换可以对人的大脑产生新的刺激，进而帮助其提升学习效率。
- **活动指引**：

第一步：学员复习内容

讲师：课程马上就要结束了，接下来我们花一些时间复习回顾。请大家拿一张空白的 A4 纸，在上面写 3 项信息：本次课程中你印象最深的 1 ～ 3 点内容，平时工作中容易忽略的 1 ～ 3 点内容，要学以致用的 1 ～ 3 点内容。好，现在给大家 8 分钟书写。

第二步：学员围圈赞美、分享内容

讲师：大家写好之后请起立，拿着这张 A4 纸来到教室的另一边。请大家手拉手围成一个封闭的圆圈，围好之后，把手松开即可。接下来，我会给班长一个小皮球，班长拿到小皮球之后，就要分享他刚刚写的 3 项复习回顾的内容。班长分享完之后，要把球抛给下一位学员，例如班长抛给了对面的副班长，他在抛球之前，首先要赞美副班长（赞美公式 1：你在 ×× 方面做得很出色，所以我想聆听你的分享。赞美公式 2：你做的 ×× 事情给我留下了深刻的印象，所以我想聆听你的分享。赞美公式 3：我最喜欢你身上的 ×× 特质，所以我想聆听你的分享。以上 3 种公式可以任意选取一种使用），赞美之后才能把球抛给副班长。副班长分享完后，也按照班长的步骤，先赞美下一位，再把球抛给他。依此类推，最后一位学员先赞美班长，再把球抛还给班长，分享活动结束。

✐ 收尾活动 10——任务岛之旅

• **活动概述**：把学员分为 5 组，每组用一个岛屿的名字来命名，例如友谊之岛、探索之岛、情绪之岛、改变之岛等。每组留一位岛主，向来岛访问的学员介绍小岛的情况，并请他们在白纸上书写相应的内容。最后请 5 位岛主上台对每个岛（组）所写的信息做综合的呈现和汇报。

• **活动目的**：任务岛的活动可以让学员从多重角度复习和回味课程，加强学员之间的互通和交融，提升授课效果。

• **活动时长**：30 ～ 50 分钟。

• **参与人数**：30 人以内。

• **座位方式**：以小组为单位（最多 5 组）。

• **游戏道具**：白纸（每组至少 4 张），24 色水彩笔，黏土。

• **活动原理**：游戏化的活动是成年人喜欢的，通过游戏活动对学员产生多感官的刺激，可以把枯燥的复习内容变得生动有趣，有利于聚焦学员的注意力，建立内容之间的神经元链接。

• **活动指引**：

第一步：划分任务岛，并解释任务岛

讲师：今天的课程马上就要结束了，为了帮助各位更好地记住今天所学的内容并为后续的行动开展奠定基础，我们来做一个"任务岛之旅"的游戏。我们将全班学员分为 5 个小组，每个岛（组）都拥有一个名字。它们分别是友谊之岛、探索之岛、改变之岛、情绪之岛、成功之岛。

友谊之岛：这次学习，你交到了几位新朋友？向他们学到了什么？同学的哪些方面是你学习的榜样？

探索之岛：你学到了什么？有什么感悟？有什么收获？有什么新的思考和启发？

改变之岛：在这次课堂上你做了哪些改变和调整？做了哪些以前不曾做过的事情？克服了什么困难？重新制定了哪些新的目标？

情绪之岛：这次学习中，你的心路历程和情绪改变的体验是什么？什么时候感到开心？什么时候感到沮丧？什么时候感到满足？

成功之岛：你所看到的未来的成功景象是什么样的？因为你的努力学习和积极运用所学，未来的你在哪些方面获得了成功，取得了成就？得到了哪些回报？

第二步：岛主引领组员分享信息

讲师：请每个任务岛选出一位岛主，并请岛内（组内）的学员轮流分享信息，由岛主写在游历日记（白纸）上，可以是文字形式，也可以是图画的形式。例如，友谊之岛的岛员（组内学员）轮流分享自己交到了什么朋友，在别人身上学到了什么等。

第三步：学员游历任务岛并相互分享内容

讲师：在岛内分享完之后，请岛主拿上你们小组的游历日记，在教室的任意位置（尽量让每个岛主之间隔开一定的距离，方便学员参观游历），用黏土将其粘在墙壁上（可以多贴一张空白的纸，方便学员书写），岛主站在游历日记的旁边为后续的分享做准备。

请每位学员拿一支水彩笔，离开座位，任意游历 5 个岛主所在的区域。岛主负责给游历的学员分享游历日记中的信息，游历的学员可以用水彩笔任意添加自己想写的内容，既可以写字，也可以画画。岛主要对学员表示感谢。（开放时间为 10 ~ 15 分钟，让学员在各个岛之间充分游历，互相交流，分享信息。）

第四步：岛主分享游历日记

讲师：游历时间到，请各位同学回到座位上。经过这么多轮的游历，接待了这么多的游客，相信我们的岛主对于本岛所讨论的话题应该有了更深刻、更全面的认识。接下来，请 5 位岛主做精彩的分享，我们就从友谊之岛开始吧！

第五步：讲师做总结

讲师：请大家再次用热烈的掌声感谢 5 位岛主的精彩分享。真的很佩服各位，能在短短的 30 分钟内分享这么多切实的、重要的、有价值的信息，仿佛课程的点点滴滴历历在目。希望各位能够趁着这股热乎劲儿，真正把所学带到工作中，在岗位上多运用，早日登上成功之岛！

第七章
分享教学活动使用心得表

"怎么样？在课程中用了这些教学活动后有什么感受啊？"王振看到许静和魏丹青走进会议室，迫不及待地问道。

"挺好的啊，老大。"小魏一边找位子一边说道，"就是时间短，没有都用到，以后还得再研究。"

"老大真会挑选啊，很多活动很有趣，而且我以前都没见过。"许静说道。

"嗯，你们觉得有用就好。有没有用那张《教学活动使用心得表》啊？你们觉得好用的话，我们就要把这些活动和这张表格分发给全集团内训师使用了。"王振指指表格说。

"因为时间比较紧，我和小魏都只写了一个教学活动的使用心得表。虽然只写了一个，但觉得活动和表格都挺好的，可以分发给全集团内训师使用。"许静说着，递过来两张纸。

王振拿在手里一看，正是她俩写的《教学活动使用心得表》(见表 7-1、表 7-2)。

表 7-1　许静的《教学活动使用心得表》

姓名：许静	部门：人事部
课程主题：说话的威力：新任主管沟通技能训练课程	
选用的活动：教学活动 3——我说你来画	
使用心得： • 注意控制教室的纪律，不要让学员之间互相偷看和观摩图形 • 学员做完之后，讲师的点评总结很重要，需要结合学员的现场表现做点评 • 注意两轮分享学员的挑选，尽量让第二轮的正确率高于第一轮 • 讲师一定要将规则解释清楚，否则学员容易挑战讲师 • 几何图形可自行创造，但不能太复杂 • 如果现场分享者和学员争论起来，讲师要采取控场措施	
改进建议：无	
其他事项：无	

表 7-2　魏丹青的《教学活动使用心得表》

姓名：魏丹青	部门：人事部
课程主题：新员工入职培训（规章制度培训）	
选用的活动：破冰活动 4——头脑大激荡	
使用心得： • 从来没想到破冰也能气氛这么热烈，大家完全被题目吸引了，全班快速进入了讨论状态 • 很多人会用百度搜索来找答案，讲师一定要不断巡场，告诫大家公平竞争 • 小组讨论比个人做题的效果更好，全班抢答也是一个不错的选择 • 讲师要准备充分，学员可能会质疑讲师的答案 • 若时间不够，不需要小组之间互相打分，直接在小组内打分就行	
改进建议： 如果测试题目能再多几道就好了	
其他事项：无	

"好，既然你们说没什么大问题了，对活动也没有太大的异议，那我们下个季度就开始在全集团推广这些活动。这次活动主要由许静负责，小魏协助许静开展工作。你们需要让集团的内训师在教学中使用这些活动，并定期提交《教学活动使用心得表》，对内训师的教学质量做评估，我们也会定期开会讨论活动的进展和是否需要调整。"王振满怀期望地看着她俩。

"没问题，把这件事交给我俩你就放心吧，老大！"许静自信地说道。

"必须放心。这样吧，你们先回去讨论一下，把活动的具体安排再理一理，到时候拟一个大致的思路出来，给全集团一起发邮件，我们这个活动就算启动了。"王振嘱咐道。

"好的，出发！"许静一边做了一个向前的手势，一边走出了会议室。

我们也祝愿得峰集团的这次内训师教学质量提升活动能够圆满成功！

参考文献

1. 楼剑 . 成为明星讲师：TTT 培训全案 . 北京：人民邮电出版社，2016.

2. 楼剑 . 成为明星讲师 2：TTT 课程设计与开发全案 . 北京：人民邮电出版社，2017.

3. [美] 约翰·D·布兰思福特 . 人是如何学习的：大脑、心理、经验及学校 . 上海：华东师范大学出版社，2013.

4. [美] 丹尼尔 ·丹尼特 . 意识的解释 . 北京：北京理工大学出版社，2008.

5. [美] 莎朗·L·波曼 .4C 法颠覆培训课堂 . 北京：电子工业出版社，2015.

6. [美] 高德伯格 . 大脑总指挥：解密最具人性的大脑区域 . 上海：华东师范大学出版社，2014.

7. [美] 葛詹尼加，等 . 认知神经科学——关于心智的生物 . 北京：中国轻工业出版社，2011.

8. [美] 詹姆斯·卡拉特 . 生物心理学 . 北京：人民邮电出版社，2012.

9. [美] 菲尔普斯 . 客户服务培训游戏 . 北京：企业管理出版社，2011.

10.[美] 达里尔·多恩，罗斯·斯洛特 . 客户服务培训游戏精选 . 北京：电子工业出版社，2004.